YOUTH SOCCER

유소년축구
길라잡이

유소년축구지도서
유소년축구 길라잡이

초판 1쇄 발행 2015년 5월 29일
2쇄 발행 2017년 11월 6일

지은이 진낙식, 윤진환, 최대원, 유신환
펴낸이 장길수
펴낸곳 도서출판 노력하는 사람들
출판등록 제2012-000081호

디자인 이현
편집 양보영, 이제섭
교정 이인영, 이주영
마케팅 고은빛, 윤석영
그림 이지숙
모델 이정석, 한상훈, 주상규, 한형국, 이동석

주소 서울시 금천구 가산동 60-5 갑을그레이트밸리 B동 507호
전화 070-4651-3730~4
팩스 070-4325-7006
이메일 ksbookup@naver.com
홈페이지 www.knsbookup.com

ISBN 979-11-5528-412-4(03690)
값 18,000원

ⓒ 진낙식, 윤진환, 최대원, 유신환 2017 Printed in Korea

잘못된 책은 구입하신 곳에서 바꾸어 드립니다.
이 책의 전부 또는 일부 내용을 재사용하려면 사전에 저작권자와 펴낸곳의 동의를 받아야 합니다.

이 도서의 국립중앙도서관 출판예정도서목록(CIP)은 서지정보유통지원시스템
홈페이지(http://seoji.nl.go.kr)와 국가자료공동목록시스템(http://www.nl.go.kr/kolisnet)에서
이용하실 수 있습니다. (CIP제어번호 : CIP2015014494)

홈페이지 바로가기

YOUTH SOCCER

유소년축구 길라잡이

유소년축구지도서

| 진낙식, 윤진환, 최대원, 유신환 공저 |

유소년축구 모든 것을 공개한다
이론, 지도자론, 실기, 지도법, 계획안

도서출판
노력하는 사람들

프롤로그

유소년축구는
칭찬에서 시작해서 칭찬으로 끝나야 한다

"히딩크 감독은 아무도 알아주지 않는 여드름투성이 어린 선수의 마음을 읽고 있기라도 한 듯 '넌 정신력이 훌륭하다.'는 칭찬을 해주셨다. 그 말은 다른 사람이 열 번, 스무 번 축구의 천재다, 신동이다 하는 소리를 듣는 것보다 더 내 기분을 황홀하게 만들었다" 2002년 월드컵 스타, 세계적인 월드 스타 박지성이 한 말이다.

칭찬은 한 사람의 인생을 바꿔 놓는다. 이 책을 읽는 사람은 아마 축구와 관련 있는 일을 하는 사람일 것이다. 축구를 하면서 칭찬을 받아 기분이 좋았던 적이 있을 것이다. 그런데 왜 정작 본인이 지도자가 되었을 때는 칭찬에 인색한 걸까? 알면서도 안 되는 게 칭찬이다.

얼마 전 어린이집 교사 폭행 사건이 뉴스에 나와 온 국민이 충격에 빠지고 말았다. 이런 뉴스를 보면서 여러분은 어떤 생각을 했는가? 필자도 아이들을 가르치는 지도자로서 반성을 해 본다.

필자는 칭찬 때문에 여기까지 왔다. 고등학교 2학년 때 일이다. 담임선생님과 학급 전체 학생들 간의 진로 상담시간이었다. 그런데 갑자기 선생님께서 반 전체 아이들 앞에서 나를 언급하시면서 말씀하셨다.

"넌 진로 걱정하지 마라. 축구 잘하잖아! 운동 신경 있잖아! 조금만 공부해서 서울로 체육학과 가라"

난 정말 기분이 좋았다. 내가 잘하는 것도 있었구나! 고등학교 2학년인 나는 방황을 많이 한 것 같다. 담배, 술, 당구장 등 하지 말라는 것은 다 하고 다녔다. 물론 진로에 대해선 생각도 하지 않았다. 하지만 담임선생님의 칭찬 한마디 덕분에 체육학과를 갔고, 대학원에 가서 석사, 박사 취득하고 대학에서 강의까지 하는 사람이 되었다. 한마디로 인간승리이다. 선생님의 칭찬 한마디가 나의 인생을 바꿔 놓은 것이다. 박지성이 히딩크 감독의 칭찬을 들은 것처럼 말이다.

여러분도 이런 칭찬의 경험이 있을 것이다. 유소년들을 가르칠 때는 칭찬이 필수다. 수업할 때는 칭찬에서 시작해서 칭찬으로 끝내야 한다. 칭찬만이 아이들의 인생을 바꿔 놓을 수 있다. 조금 못하면 어떤가? 축구가 인생의 전부는 아니다. 지도자는 너무 욕심을 내서는 안 된다. 욕심은 화를 부른다.

처음에는 취미반에서 시작해서 점점 배우는 아이들이 늘어난다. 그리고 여러 대회를 참가하게 된다. 그러면서 지도자의 욕심 때문에 아이들을 혼내고, 심지어는 체벌 위주로 수업을 하게 된다. 이유는 단 한 가지다. 아이들은 혼나야 잘한다고 생각하기 때문이다. 지도자는 이런 생각부터 바꿔야 한다. 바꾸지 않는 이상 개인 발전, 한국 축구는 발전은 없는 것이다. 이제는 바꿔야 한다.

칭찬에서 시작해서 칭찬으로 끝나야 한다.

지금 이 책을 읽는 지도자라면 그래도 공부하려고 마음먹은 사람이다. 그리고 항상 부족하다고 느끼는 지도자이고 배움에 목말라 있는 사람이다. 이런 사람들은 반드시 잘될 수밖에 없다. 앞으로도 계속 배움에 게을리하지 마라. 필자는 이 말을 좋아하고 죽을 때까지 실천하려고 노력할 것이다.

"마부작침, 점적천석, 우공이산"

한자는 쓸 줄 모른다. 하지만 뜻은 알고 있다. '마부작침 : 도끼를 갈아 바늘을 만든다.', '점적천석 : 한 방울의 낙숫물이 바위에 구멍을 낸다.', '우공이산 : 우공이라는 노인이 삽으로 산을 퍼서 지게로 나른다.'는 뜻이다. 정말 대단하지 않은가? 여러분도 이런 정신과 마음으로 포기하지 말고 정진했으면 좋겠다.

이 책의 구성은 다음과 같다.

축구 이론, 축구 지도자론, 축구 실기, 축구 지도법, 축구 계획안, 부록 순으로 되어 있다. 이 책을 읽는 방법을 말하자면 먼저 대충 훑어보는 것이다. 전체를 봐야 나에게 필요한 부분이 어떤 것인지 파악할 수 있기 때문이다. 그 다음은 목차를 꼼꼼히 읽어 관심 분야를 빨간 볼펜으로 체크하는 것이다. 책을 읽을 때는 빨간 볼펜을 들고 밑줄 긋고, 메모하면서 읽기를 권장한다. 어떤 사람은 책에 낙서하면 책을 무시하는 것이라고 생각한다. 하지만 책을 내 것으로 만드는 방법은 지저분하게 보는 것이다. 그 다음으로 보는 것보다 중요한 것은 실천하는 것이다. 이 책을 읽다가 필요한 부분을 체크해 놓고 수업시간이나 실전에 활용하는 것이다.

이런 말이 있다.

'ONE BOOK, ONE MESSAGE, ONE ACTION'

책 한 권에서 너무 많은 것을 얻으려고 하지 마라. 가슴 뛰는 한 줄만 찾으면 된다. 실천할 수 있는 한 가지만 찾으면 된다.

**꿈은 크게
비전은 함께
목표는 구체적으로
시작은 작게**

저자 일동

목차

프롤로그

1장 축구 이론

축구의 역사를 알고 시작하자	010
축구는 과학이다	014
유소년기의 발달단계를 알자	021
유소년에게 필요한 정신력은 무엇인가?	028
유소년축구 무엇이 중요할까?	035
연령별 지도 방법은 무엇인가?	040

2장 축구 지도자론

지도자의 역할	046
지도자의 임무	049
효과적인 지도 방법은 무엇인가?	052
지도자의 자세가 무엇보다 중요하다	061

3장 축구 실기

기술원칙	070
킥(Kick)	074
트래핑(Trapping)	088
드리블(Dribble)	094
프리스타일	110
패스(Pass)	113
헤딩(Heading)	116
슛(Shoot)	119
골키퍼	121

4장 축구 지도법

볼 적응 훈련	129
놀이를 통한 훈련	150
드리블 훈련	170
패스 훈련	177
슈팅 훈련	194
기타 훈련	203

5장 축구 계획안

연간계획안	206
유소년축구대회 계획안	230
축구평가 계획안	243

부록

포지션 해설	246

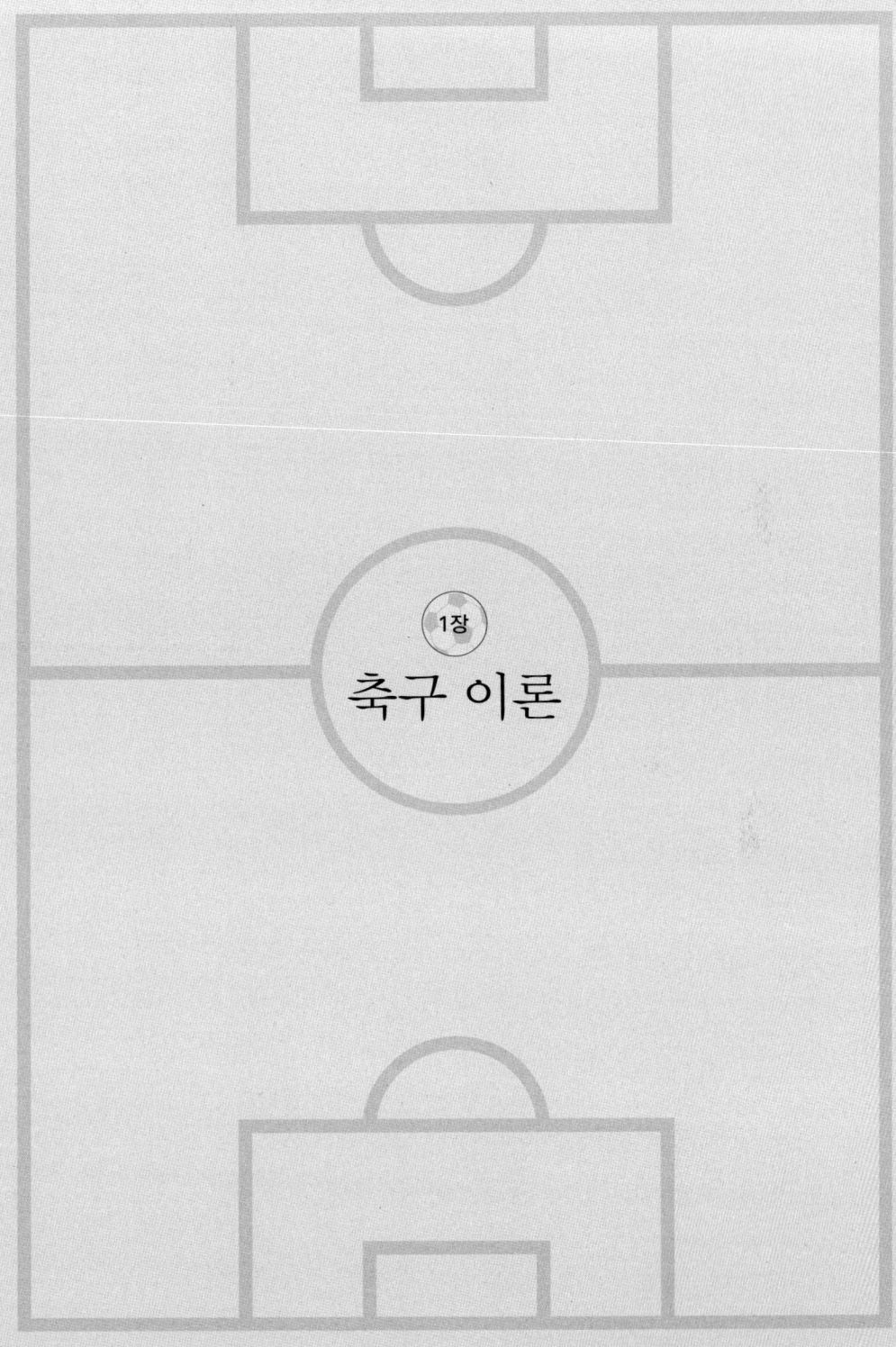

1장
축구 이론

축구의 역사를 알고 시작하자

한국에서 축구가 전파된 것은 지금으로부터 100여 년 전인 19세기 말이다.

오늘의 축구와는 조금 달랐겠지만 〈삼국사기〉에 의하면 먼 옛날 신라시대에도 '축국(蹴鞠)'이란 놀이 형태의 공차기가 있었다고 전해진다.

삼국통일의 주역인 신라의 김유신과 김춘추가 농주(弄珠)를 가지고 노는 축국을 했다는 기록이 그것이다.

축국은 둥근 놀이기구, 이를테면 가축의 방광이나 태반에 바람을 넣어 차거나 던지는 놀이였을 것으로 추측된다.

영국을 모태로 하는 근대 축구가 한국에 전파된 것은 1882년(고종 19년) 인천항에 상륙한 영국 군함 플라잉호스의 승무원들을 통해서인 것으로 전해진다.

정식 축구의 보급은 1904년 서울의 관립 외국어 학교에서 체육 과목의 하나로서 채택하면서부터이다.

한국 최초의 공개 축구 경기는 1905년 6월 10일 서울 훈련원(오늘날의 동대문운동장)에서 열린 대한체육구락부와 황성기독청년회 간의 시합이라고 할 수 있다.

국제적으로 통용되는 규칙하에 경기에 필요한 각종 장비를 갖추고 경기가 열리기 시작한 것은 1920년대부터이다.

1911년 제1회 순조선 축구대회가 개최되고, 이어 1928년 5월 22일 조선심판협회(조선축구협회의 전신)가 창립됨으로써 한국에 정식으로 축구가 보급되고 발전할 수 있는 기틀이 마련되었다.

1933년 9월 19일에는 조선축구협회가 정식으로 창립되었고, 초대 회장은 박승빈 씨가 선출되었다.

특별한 장비 없이 누구나 즐길 수 있는 축구의 특성은 당시 가난했던 민중들에게 큰 호응을 받았으며, 축구 선수에게 필요한 굳센 체력과 강인한 투쟁심은 한국인의 정서와도 일치했다.

여기에 1929년부터 시작된 경성(서울)과 평양의 경평(京平) 대항전은 축구에 대한 관심을 크게 증폭시키며 전 민족이 즐기는 대중적인 스포츠로 자리 잡게 되는 계기를 만들었다.

축구는 일제 식민지 아래에서 가슴에 쌓인 민족의 울분을 풀어줄 수 있는 유일한 청량제였고 독립의 희망을 키울 수 있는 싹이었다.

일제 말기 해산되었던 조선축구협회는 해방과 함께 1948년 9월 4일 대한축구협회로 개칭하면서 새롭게 출범했다.

동시에 FIFA(국제축구연맹)에 가입했고, 1954년에는 AFC(아시아 축구연맹)의 정식 회원국이 되었다.

1948년 런던 올림픽 본선에서는 한국의 이름이 처음으로 세계무대에 발을 내딛었고, 1954년에는 스위스에서 열린 월드컵 본선에 최초로 진출하는 영광을 안게 되었다.

한국 축구는 1956년 제1회, 1960년 제2회 아시안컵에서 연속으로 우승함으로써 아시아 축구 챔피언으로서의 기세를 드높였다.

1971년에는 한국 최초의 국제 축구대회인 박대통령배 아시아 축구대회를 개최하였다.

세계 각국의 대표팀, 유명 클럽팀이 참가한 가운데 수많은 명승부를 연출하며 아시아 최고 권위의 대회로 성장한 박대통령배 아시아 축구대회는 1976년부터는 박대통령배 국제 축구대회, 1980년부터는 대통령배국제축구대회로 대회 명칭이 변경되어 개최되었다. 이 대회는 1995년부터 코리아컵으로 이름을 바꾸어 1999년까지 개최되었다.

이어 1960년대 이후 메르데카컵, 킹스컵, 아시안게임, 아시아 청소년 축구대회 등 아시아에서 벌어지는 각종 축구대회에서 수많은 우승컵을 차지함으로써 한국은 명실상부한 아시아 축구 최강으로 불리게 되었다.

각종 대회에서 기록한 혁혁한 성적과 선수들이 보여준 투지와 용감성으로 인해 한국 대표팀은 '아시아의 호랑이'라 불리었으며, 다른 아시아 국가들에게는 두려움과 경탄의 대상이었다.

1983년 '수퍼리그'라는 이름으로 출범한 한국의 프로축구는 축구팬에게 커다란 즐거움을 선사했을 뿐 아니라 한국 축구의 수준을 한 단계 끌어올리는 데 기여하였다.

'수퍼리그'는 아시아 최초로 탄생한 본격 프로리그로서 주변 아시아 국가들에게 프로축구 출범을 자극하였다.

5개 팀으로 시작한 한국 프로축구는 1988년부터 공식명칭을 K리그로 바꾸었으며, 2013년 현재 1, 2부로 나뉘어 총 22개 팀으로 운영 중이다. 1부 리그는 'K리그 클래식', 2부 리그는 'K리그 챌린지'라는 명칭이 부여됐다.

또 1996년부터 3년 동안 아시아 클럽 선수권 우승을 한국 프로팀이 차지했고, 이후에도 K리그 클럽이 여섯 차례나 우승을 차지하며 아시아 프로축구 최강의 자리를 지키고 있다.

한국 대표팀은 1986년 멕시코 월드컵부터 2014년 브라질 월드컵까지 8회 연속으로 월드컵 본선에 진출함으로써 아시아 최다 월드컵 본선 진출국(통산 9회)이 됨은 물론, 세계 수준에 근접한 한국 축구의 우수성을 지구촌의 모든 축구팬에게 과시했다.

또한 1983년 멕시코에서 열린 세계 청소년(20세 이하) 축구대회에서 한국의 어린 영웅들은 축구 강국들을 물리치고 4위를 차지하여 한국 축구의 놀라운 힘을 세계에 보여주기도 했다. 불굴의 투혼과 뛰어난 기동력, 지칠 줄 모르는 체력은 한국 축구의 상징이 되었으며, 대표팀의 붉은 유니폼은 축구 스타를 꿈꾸는 어린 선수들에겐 최고의 선망의 대상이 되고 있다.

자랑스런 한국 축구의 역사는 드디어 세계 축구의 최고 제전인 월드컵 개최로 화려하게 꽃 피우게 되었다. 축구 사랑, 나라 사랑의 한마음으로 온 국민이 보여준 뜨거운 열기와 함께 추

진된 월드컵 유치 운동은 결국 1996년 5월 31일 한국과 일본의 2002년 월드컵 공동 개최라는 성과로 이어졌다.

2002년 6월 한 달 한·일 양국은 물론 전 세계를 뜨겁게 달군 2002 월드컵에서 거스 히딩크 감독이 이끄는 한국 대표팀은 폴란드를 상대로 월드컵 참가 사상 첫 승리를 거둔 데 이어 포르투갈, 이탈리아, 스페인을 잇달아 격파하고 기적처럼 4강에 진출, 한국 축구 100년 역사상 최고의 업적을 이뤄냈다.

2002 월드컵은 한국 축구가 세계 강국으로 도약하는 계기를 만들어 주었을 뿐 아니라 10개의 현대식 스타디움, 대표팀 트레이닝 센터 건립 등 축구 전반에 걸친 인프라 구축을 가능케 했다.

2003년에는 실업 축구가 내셔널리그로 재탄생했고, 2007년에는 당시 3부리그 격이었던 K3리그(현 챌린저스리그)가 시작됐다. 2008년에는 대학 축구가 U리그로 새출발했고, 2009년에는 초중고리그와 여자실업 축구인 WK리그, 풋살리그인 FK리그까지 잇따라 출범함으로써 더욱 탄탄한 시스템과 저변을 갖추게 되었다.

2006년 독일 월드컵에서 해외 개최 월드컵 첫 승리를 달성한 국가대표팀은 2010년 남아공 월드컵에서 16강 진출에 성공하여 명실상부한 세계 축구의 강호로 발돋움했다. 2012 런던 올림픽에서는 최초의 올림픽 동메달을 거머쥐며 한국 축구의 발전이 현재 진행형임을 입증했다.

여자 축구도 2010년 독일에서 열린 여자 U-20 월드컵 3위 입상에 이어, 트리니다드 토바고에서 열린 2010 U-17 여자 월드컵에서 대망의 우승을 차지함으로써 한국 축구역사 이래 첫 FIFA대회 우승의 금자탑을 쌓았다.

수많은 난관과 시련 속에서도 흔들리지 않는 우리 국민의 뜨거운 축구 사랑, 그리고 선수들이 보여준 불굴의 투지, 세계를 향한 끊임없는 도전 정신이야말로 한국 축구의 빛나는 역사를 이끈 원동력이었다.

(대한축구협회 간추린 축구사)

축구는 과학이다

축구에 사용되는 근육과 기초체력은 무엇인가?

축구에 동원되는 근육은 무엇일까? 축구는 전신 운동이다. 하지만 주로 상체보다는 하체의 근육을 많이 사용한다.

킥을 할 때는 대둔근, 대퇴직근, 내·외측광근, 비복근, 슬개근이 동원되고, 점프 헤딩을 할 때 동원되는 근육은 복근, 하체 근육, 목 근육이다. 드로잉을 할 때는 삼각근, 삼두근, 상완근이 사용된다.

축구에 사용되는 기초체력은 무엇일까?

기초체력은 건강관련 체력과 운동신경 관련 체력이 있다. 건강관련 체력에는 근력, 근지구력, 유연성, 심폐지구력 등 대부분 훈련을 통해 변하는 체력이 있다. 운동신경 관련 체력은 순발력, 민첩성 등 한 번 형성이 되면 변하지 않는 체력이다. 예를 들어, 체력 검사 중 건강 관련 체력, 유연성(체전굴)을 측정했다. 10명 중 유연성이 떨어져서 꼴찌를 했다. 그럼 이 사람의 유연성은 계속 안 좋게 나오는가? 아니다. 유연성은 변화하는 체력이다. 지속적인 훈련을 통해 유연성을 향상시킬 수 있다. 반면에 운동신경관련 체력, 순발력(50m달리기)을 측정했다. 10명 중 순발력이 떨어져 꼴찌를 했다. 그럼 이 사람의 달리기 속도(순발력)는 좋아질 수 있을까? 오늘 꼴찌한 아이가 훈련을 통해 내일이나 몇 개월 후 달리기 시합을 했을 때 순위를 바꿀 수 있을까? 순발력은 운동신경과 관련되기 때문에 순위가 거의 바뀌지 않는다. 물론 안 그런 경우도 있다.

기초체력을 검사하는 이유는 무엇인가? 아이들의 상태를 알아보기 위해서다. 그리고 부모님들이 아이의 상태를 궁금해하기 때문에 정기적으로 검사를 해서 상담이나 통신문을 통해 아이의 상태를 알려줘야 한다.

> **구체적인 기초체력의 종류와 훈련방법은 다음과 같다.**

1) 근력이다. 근력은 근육이 수축할 때 발생하는 장력을 말한다.

훈련방법 중 다리근력은 다리모아 점프하기, 계단 올라가기, 내려가기, 빠르게 걷기, 가위점프, 닭다리 점프, 닭싸움, 한발로 앉았다 일어나기 등을 해서 키울 수 있다. 팔 근력은 매달리기, 턱걸이, 팔굽혀펴기를 해서 키울 수 있다. 복근은 누구나 다 알고 있는 윗몸일으키기를 해서 훈련한다. 혼자서도 할 수 있고, 2명이 함께 할 수도 있다.

2) 근지구력이다. 근지구력은 근육이 오랫동안 운동을 지속할 수 있는 능력을 말한다.

훈련방법으로는 다리 근력, 팔 근력, 복근에 필요한 운동을 함께하는 인터벌트레이닝과 서키트트레이닝 실시하면 된다. 예를 들어, 다리 근지구력을 위해 볼 터치를 1분간 실시하고, 다음코스로 팔 근지구력을 향상시키기 위해 팔굽혀펴기 1분간 실시한다. 그 다음은 복근을 향상시키기 위해 윗몸일으키기를 1분간 실시한다. 그럼 근지구력을 향상시킬 수 있다.

3) 전신 지구력이다. 전신 지구력은 호흡 순환기능과 모든 운동 기관에 관한 지구력을 말한다.

훈련방법은 최대유산소 능력을 향상시키는 운동을 하면 된다. 예를 들어, 런닝 머신에서 10분 이상 달리기와 운동장 10바퀴를 도는 오래달리기, 하버드 스텝테스트를 하면 향상시킬 수 있다.

2002년 월드컵을 4강으로 이끈 히딩크 감독이 선수들의 전신 지구력을 향상시키기 위해 실시했던 '공포의 삑삑이'를 기억하는가? 2002년 한-일월드컵을 앞두고 거스 히딩크 감독은 '셔틀런'(왕복달리기)을 활용해 선수들의 체력을 측정했고, 동시에 심폐지구력을 키웠다. '셔틀런'을 소화한 선수들은 녹초가 됐지만 그만큼 심폐지구력과 체력 회복 능력이 향상됐다. 이는 한-일월드컵 4강의 밑거름이 됐다는 평가를 받았다.

2006년과 2010년에도 셔틀런은 축구대표팀 훈련에서 빠지지 않는 메뉴였다. 그런데 홍명보호에서는 삑삑이 소리가 사라졌다.

4) 순발력이다. 순발력은 파워라고도 하며 순간적으로 강한 힘을 발휘하여 달리고, 뛰고 던지는 능력을 말한다. 운동신경과 관련된 체력이다. 쉽게 말해서 폭발적인 힘을 발휘하는 능력이라고 할 수 있다.

훈련방법으로는 멀리뛰기, 서전트 점프, 단거리 달리기, 엎드렸다가 출발하기, 쪼그려 뛰기, 신호소리가 들리면 방향 바꿔 달리기, 공 먼저 잡기 게임 등 반응시간 훈련이 있다. 달리기 같은 경우는 2팀으로 나누어 게임으로 진행하면 효과가 좋다.

5) 민첩성이다. 민첩성은 빠른 속도로 움직이면서 방향을 빨리 효과적으로 전환시키는 능력을 말한다.

훈련방법은 지그재그 런, 왕복달리기, 십자달리기, 사이드스텝 등이 민첩성을 향상시키기 방법이다. 접시콘을 이용해서 옮기면서 달리기를 할 수 있다.

6) 유연성이다. 유연성은 관절 부위의 인대, 건, 근육 등의 가동범위를 말한다.

훈련방법은 스트레칭하는 방법으로 혼자 하는 스트레칭이나 짝이 함께하는 체조로 훈련할 수 있다. 유아반은 이야기 놀이로 진행하면 힘들어도 열심히 하게 된다. 예를 들어 비행기 변신, 무지개 변신, 물개 변신, 꽃병 만들기 등 재미있게 진행할 수 있다. 측정방법은 좌전굴, 체전굴로 할 수 있다. 유연성은 변하는 체력이다. 그래서 건강관련 체력이라고 한다. 꾸준한 훈련을 통해서 향상시킬 수 있다.

7) 협응력이다. 협응력은 신경과 근육, 그리고 관절 등의 유기적인 작용 능력을 말한다.

훈련방법은 트래핑, 리프팅, 드리블등 공을 가지고 훈련하는 방법이 있다. 예를 들어 패스, 킥, 헤딩, 페인팅, 공간이동 드리블을 하는 방법이 있다.

축구에서 사용되는 운동원리는 무엇인가?

1) 운동량이다. 운동량이란 질량과 속도의 곱으로 표현되는 물리량을 말한다. 킥의 좋은 스윙동작은 운동량을 만들어낸다. 그 운동량이 볼을 빠르게 보낸다.

훈련방법은 공의 스피드를 내기 위해서는 공을 킥하는 힘을 크게 하여야 한다. 차는 힘을 크게 하기 위해서는 킥을 할 때 허리를 뒤로, 무릎을 최대한 뒤로해야 차는 힘이 커서 킥을 잘할 수 있다. 킥의 힘을 주기 위해서는 팔동작이 중요하다. 비행기처럼 팔을 벌리고 킥할 때는 반대방향으로 돌리는 동작을 통해 힘을 더할 수 있다. 공을 멀리 보내기 위해서는 공의 중심을 킥하고 팔로스로우를 길게 하여 공이 발에 닿는 시간을 길게 하여야 한다. 어린아이들은 팔로스로우를 잘 이해하기 어렵다. 정확한 시범만이 이해시킬 수 있다.

킥을 힘을 키우기 위해서는 마지막 발을 크게 해야 한다. 유아들에게는 그 동작을 '거인 발'이라고 지도하면 잘 따라한다.

"친구들 거인 알아요? 생쥐가 늪지대를 건너가기 위해 거인으로 변신할 거예요! 할 수 있겠어요?"

2) 작용과 반작용이다. 작용과 반작용이란 물체에 힘이 가해지면 크기는 같으나 방향이 반대인 반작용이 생기는 것을 말한다.

훈련방법으로는 리프팅을 할 때 볼이 의도하지 않은 방향으로 날아가 버린다면 작용·반작용의 원리를 다시 한 번 제대로 사용해서 킥의 균형을 맞추는 훈련, 세게 차면 다른 방향으로 날아가고, 충격을 흡수하면서 살살 맞추면 많이 튕기지 않고 원하는 방향으로 가게 된다. 리프팅 할 때 아이들에게는 '살살'이란 표현으로 반작용을 조절하게 만든다. 또 발등으로 차지 않고, 발끝으로 차게 되면 공이 회전하므로 반작용을 조절하기 힘들게 된다.

3) 속도와 정확성의 원리이다. 정확성의 원리란 속도와 정확성은 반비례 관계한다는

것을 말한다.

볼의 스피드를 높이려고 할 경우 정확성이 떨어지고, 정확성을 높이려고 하면 스피드가 떨어지게 된다. 예를 들어, 축구에서 킥을 할 때 처음에는 정확성을 위해 천천히 훈련하다가 어느 정도 수준이 되면 스피드를 빠르게 해서 정확성을 향상시킬 수 있는 훈련을 한다. 훈련 방법은 처음엔 볼을 정지시켜놓고 볼을 차지 않고 킥 연습을 한다. 그 다음에 볼을 찬다.

4) 회전원리이다. 회전원리란 마그누스 효과라고도 하는데 공의 회전에 의해서 회전하는 방향으로 공이 휘어지는 현상을 말한다.

축구에서 프리킥을 할 때 상대 수비가 벽을 쌓으면 공에 많은 회전을 주어서 골대 안으로 뚝 떨어지는 바나나 볼로 득점을 할 수 있다. 코너킥을 할 때 골키퍼가 잡거나 펀칭을 못하도록 공에 많은 회전을 거는 것이다. 훈련방법은 2명이 서로 마주보고 자기가 공을 들고 차면서 회전훈련을 할 수 있다. 처음에는 공을 들고 하고, 잘되면 바닥에 내려놓고 킥 훈련을 한다.

축구는 몸으로만 하는 것이 아니라 머리로도 한다.

축구를 하다 보면 집중을 못하는 친구들이 있다. 집중을 못하면 절대로 축구를 잘할 수 없다. 집중해야 축구를 잘할 수 있다. 또 게임을 하다 보면 승부욕에 불타 '욱'하는 친구들이 있다. 아마추어에서는 팀 분위기와 기 싸움을 위해 화를 내는 경우가 있는데 이것은 나중을 위해서라도 자제하는 것이 좋다. 한 번 실수가 평생 갈 수 있다. 처음부터 잘 배워야 한다. 그것이 바로 축구심리훈련이다.

축구는 체력과 기술도 중요하지만 마음 통제, 집중력과 판단력을 요구하는 운동이다. 즉, 정신력을 강화하는 것이 중요하다. 스포츠심리학적 훈련의 종류와 방법은 많다. 개인에 따라 많은 개인차가 있으므로 각 개인의 장점과 단점을 파악하여 프로그램을 처방하는 것이 필요하다. 또한 지속적인 훈련을 해야 효과를 볼 수 있다.

1) 긴장 이완 훈련이 있다. 긴장 이완 훈련이란 지나친 긴장과 불안을 조절하는 훈련이다. 훈련방법으로는 의자에 앉는다. 아니면 바닥에 편안히 눕는다. 수영의 박태환 선수처럼 음악을 들으면 효과가 있다. 하지만 축구는 단체경기이기 때문에 개인행동을 해서 팀 내에서 돌발행위를 하게 되면 팀의 사기를 저해할 수도 있다. 그런 단점을 제외한다면 자기가 좋아하는 음악이나 활동을 통해 긴장을 풀 수가 있다. 우리 국가대표 팀도 버스로 이동할 때 이어폰으로 음악을 듣는 선수들을 종종 볼 수 있다. 의도적으로 천천히 걷거나 동작을 느리게 한다. 말도 천천히, 목소리의 톤도 낮게 한다. 집중하기 위해서 시선을 한곳에 모은다. 호흡을 여러 번 반복한다. 심호흡을 크게 하는 것도 몸이 편해지는 훈련이다. 어떤 연구결과에는 화가 나면 손을 물로 씻으면 가라앉는다고 발표하기도 했다.

2) 심상훈련이다. 심상훈련은 게임을 하지 않고도 상상만으로 연습 또는 시합 상황을 머릿속으로 훈련하는 것을 말한다.

훈련방법으로는 '이미지 정확도'가 있다. 시합하게 될 경기장의 사진을 벽에 걸거나 경기 중에 자신의 모습을 정확하게 상상한다. 이때 머릿속에 그려진 이미지는 청각, 촉각, 후각, 운동감각까지 동원해서 생생하게 해야 한다.

또 다른 방법은 '이미지 조절능력 연습'이다. 심상 훈련을 할 때 원하는 이미지를 얼마나 잘 조절할 수 있는지가 중요하다. 슈팅을 하는 동작이 제대로 떠오르면 이미지 조절을 잘하는 것이고 슈팅하는 동작이 잘 떠오르지 않거나 어색한 느낌의 동작이 떠오르면 심상 조절이 안된다. 본인이 골을 넣었을 때를 상상한다. 패스 준 사람, 수비의 위치, 수비를 따돌리고 슈팅하는 모습을 생생하게 그려본다.

3) 집중력훈련이다. 집중력이란 연습이나 시합 중의 중요한 시점에서 흔들림이 없이 집중하는 훈련을 말한다.

훈련하는 방법으로는 '긍정적 생각'이다. 불안한 생각이 머리에 떠올랐을 때 가장 좋은 방법은 긍정적인 생각으로 바꾸는 것이다. 즉, "경기가 잘 안 풀리네!"보다 "괜찮아! 천천히 하자", "좋아, 지금부터 다시 하는 거야!", "난 할 수 있어"라고 생각을 하는 것이다. 동료한테도 마찬가지다. 실수를 하더라도 긍정적인 말을 해준다. "괜찮아! 잘했어!", 잘했다면 "좋아! 역시!" 칭찬으로 집중력을 도와준다. 팀원들끼리 싸운다면 팀의 집중력은 산산이 부서진다.

4) 팀 협동 훈련이다. 팀 협동은 팀원 간의 의사소통을 하는 것이 중요하다.

훈련방법으로는 훈련이 끝난 다음 발표를 한다. 1분 스피치를 통해 그날의 훈련에 대해서 어떻게 느꼈는지 그리고 서로에 의견을 주고받는 대화시간을 갖는다. 칭찬을 먼저 하고 서로 고칠 점을 이야기 하면 서로 간에 사소한 감정의 문제로 팀 단합이 문제는 없어지고 단합에 도움이 된다. 요령은 칭찬을 먼저 하는 것을 연습하고 발표를 시킨다.

발표하는 방법 : 칭찬 – 수정 – 칭찬('그러나'를 사용하지 말고 '그리고'를 사용하게 한다.)
"길동이는 오늘 공간 패스가 좋았습니다. 그리고 아쉬운 점은 패스한 다음 앞으로 다시 이동해야 하는데 가만히 있었다는 것입니다. 하지만 패스만큼은 끝내줬습니다."

유소년기의 발달단계를 알자

1) 신체적 발달

유소년기의 일반적인 특징

　초등학교 저학년 아동의 신체적인 활동은 활발하다. 금세 피로를 느끼고 경기에 있어서는 경쟁에 대한 흥미보다도 자신이 실제로 참여해 본다는 점에서 흥미를 느낀다. 즉 유소년의 저학년(1, 2학년) 때는 승패보다는 참여에 더 많은 관심을 표명하는 시기이다. 여자아이들도 저학년 때는 같이 축구하기를 좋아하지만 점점 적응하지 못하는 경우가 많다. 또한 이 시기에는 많은 친구들과 짝이 되어 노는 것 자체를 좋아하고, 때로는 언어표현이 부족하여 말다툼이 일어나기도 한다.

　경우에 따라서는 신체적 공격이나 싸움으로 발전하기도 하지만 2학년 정도가 되면 집단놀이가 다소 진전되어 놀이의 규칙을 가르쳐 주는 대로 따를 수 있고, 타인에게도 그것을 요구할 수 있는 정도의 수준이 된다. 그러나 이 시기에 너무 규칙을 강조하다 보면 행동이 소극적으로 발전되는 문제점을 포함하고 있다.

초등학교 3, 4학년 아동은 운동경기에 흥미를 가지며 흥미 때문에 침착하지 못하기도 하고 행동이 거칠어지기도 한다. 이 시기의 아동은 점차 손과 손가락(발과 발가락) 등의 기술적인 운동이 발달되어서 치밀하고 기술적인 운동을 하게 된다. 특히 이 시기에는 경쟁에 대한 관심을 인식하는 시기이며 남자의 경우에는 경쟁에 많은 흥미를 나타내고 이기거나 승리하는 것에 관심이 많아지며, 팀 속에서 서로 주장을 하려고 관심을 갖게 된다.

초등학교 5, 6학년의 시기에는 자기에 대한 관심이 생기면서 옷이나 행동에 많은 신경을 쓴다. 빠른 아이들은 사춘기가 오기도 한다. 대부분 이 시기의 아동들은 사회성의 발달에 따라 협동심이 생기며 타인에 대해서도 협력과 책임감을 요구하게 되고 그렇지 못한 아이들은 팀이나 집단에서 따돌림이나 소외의 대상이 될 수 있다. 또한 이 시기의 아동들은 자신의 행위에 대하여 반성하게 되고 팀을 위해 자신들끼리 연습을 계획하고 실행하며 팀 구성원으로서 각자 역할에 맞는 임무를 요구하게 된다. 그리고 자신의 능력에 따라 운동참여가 적극적으로 발전될 수도 있으며 반대로 소극적으로 전락할 수도 있다. 점심시간에 초등학교 운동장에 가보라. 고학년들은 축구게임을 한다. 그런데 지도자 없이 게임을 하면 몰려다니면서 축구게임을 할 것 같은데 서로를 알고 자신의 실력을 알고 있기 때문에 각자의 포지션대로 잘 게임이 이루어진다. 축구를 배우는 것이 이때부터 중요하다. 또래 아이들끼리 축구를 배우는 것 자체만으로 같이 어울릴 수 있기 때문이다.

유소년기의 신체발달

성장에 있어서 발달의 과정은 연속적인 순서를 통한 과정이며 성숙이라는 유전적·내적인 인간의 자질에 의하여 정해진 방향성을 가지고 변화하는 연속적인 과정이다.

이 연속적 과정에는 어느 한 시점에서 일어난 발달의 현상이 다음 시점의 발달의 속도는 일정하지 않으며 유아기에는 성장 발달 속도가 매우 급증하다가 감소하며 아동기 후기부터 다시 속도가 증대되어 청년기(사춘기)에 2-4년 동안 성장 발달 속도는 급격히 증대되고 이후에는 성장발달이 정지된다.

또한 신체의 발달의 패턴은 차이를 나타내고 있다. 즉, 신장 발육이 급격한 시기에 근력의 발달, 운동기능의 발달도 급격하게 이루어지는 것은 아니다. 모든 속성의 성장 발달이 동시에 같은 정도의 비율로 일어난다고 한정 지을 수는 없다. 오히려 급속한 발달을 나타내는 시기, 급속한 발달의 정도는 차이가 있다고 할 수 있다. 그리고 발달의 패턴은 변화하는데, 개인의 유전적, 내적 조건에 의해 설정된다고 생각되지만 현상으로 관찰된 성장 발달의 패턴은 다양한 주체적, 객체적 조건에 의해 여러 가지로 변형된다.

따라서 발육, 발달의 패턴은 개인에 따라 독특한 현상으로 나타나며, 한 가지만으로는 설명할 수 없는 것이다. 즉 유전이나 질병 그리고 영양, 학습, 가정환경, 자연적 환경이 서로 상호 작용하여 발달에 영향을 미친다.

청년기의 신체발달

청소년기는 인간의 일생 중 신생아기 및 유아기 다음으로 체력 발달이 급격히 발달되는 시기이며 동시에 발달이 정지에 가까워지거나 정지되고 마는 시기이기도 하다. 이 시기를 사춘기라고도 한다. 정지에 가까워진다는 것은 체력이 피크에 도달하는 것을 의미한다. 즉, 일생 중에서 체력의 여러 가지 요소가 최대 능력 수준에 도달하고 최대 체력을 발휘하는 것이 가능한 시기이기도 한다. 그래서 청소년기는 중요하다.

이 최대 능력 수준을 얼마나 오래 유지할 수 있는가는 체력 요소에 있어서도 그 요소를 평소에 얼마나 사용하는가, 즉 신체 운동을 어느 정도 실시하는가에 따라 차이가 일어난다. 예를 들면, 신장, 다리길이, 앉은키와 같은 형태요소는 상당히 오랜 시간 동안 최대 수준을 유지하고 있는 요소 중 하나이다.

한편, 근 지구력과 같이 최대 능력 수준에 도달하면 곧 저하 경향으로 이행되는 체력 요소도 있다. 실제로 팔굽혀펴기에서 측정된 근지구력은 남자의 경우 19세경부터, 여자의 경우는 14-15세경부터 저하 경향이 시작된다. 사춘기의 발육촉진을 전후로 하여 또는 거의 동시에 신체 기능, 운동 능력도 발달이 촉진된다고 생각되지만, 이것은 남자에 있어서 특히 현저하다.

이것은 사춘기에 있어서의 발육 촉진이 성숙과 밀접하게 관련되고 있기 때문에 남성 호르몬, 성장 호르몬 등의 내분비와의 관련에 의해 근 기능의 발달이 촉진된다. 또한 남자의 경우 이 생리적 발육·발달시기보다 많은 체력 요소가 지속적으로 발달하기 때문이다.

2) 인지발달

피아제의 인지 발달

(1) 감각 운동기(0~2세)

이 시기는 출생 직후부터 유아의 지적능력인 빨기, 잡기 등 기본적 반사와 관련된 것들이 발달하는 시기이다. 이 시기에는 기본적 반사, 즐거운 일을 반복하기, 눈과 손의 협응, 결과와 외부환경과의 관계성을 파악하기, 대상영속성 습득 등이 발달된다. 또한 생후 6개월 근처에서 엄마에 대한 애착이 형성된다.

아이들과 놀이를 할 때는 감각운동을 하면 된다. 만약에 아이가 걷지 못하고 누워있는 아이라면 어떻게 놀이를 하는가? '딸랑이'를 가지고 아이에게 왼쪽, 오른쪽으로 반복해서 흔들면서 놀아준다. "딸랑 딸랑" 이때의 아이들은 반복놀이가 가능하다.

'까꿍 놀이'를 아는가? 엄마가 숨어 있다. 그러다 갑자기 나타나 '까꿍' 하고 놀라게 한다. 아이들은 너무 좋아한다. 그런 활동을 반복해서 해줘도 아이들은 질려하지 않는다. 이것이 바로 이 시기의 놀이 방법이다. 반복놀이 말이다.

(2) 전조작기(3~7세)

외부적 환경과 사물을 나타내기 위하여 단어 및 언어 등의 상징체계를 이용할 수 있게 된다. 또한 사고의 능력이 매우 자기중심적이 되며 물활론적 사고(animism)를 하게 된다.

자기중심적 사고를 보면, 수업시간에 준비운동을 한다. 그런데 갑자기 어떤 아이가 이야기를 한다.

"선생님? 어제 우리 에버랜드 갔다 왔다요!"

갑자기 자기 이야기를 하는 것이다. 황당할 수 있다. 하지만 전조작기 아이들은 자기 이야기를 하고 싶은 것이다. 그럼 무시하지 말고 인정해주고 공감해줌으로써 아이들과 같이 활동할 수 있다.

그리고 꿈도 실재하는 사건으로 보는가 하면, 자기 자신을 남의 입장에 놓아보지 못한다(이러한 능력은 8세 이후에 나타남). 또 상징적 사고, 즉 여러 명이 이야기놀이를 하면서 활동하는 것이 가능하다. 시장놀이, 간호사 놀이가 좋은 예이다.

예를 들어 축구공을 제자리에서 발바닥으로 터치하는 '볼 터치'를 가르친다고 하자. 이 시기에 아이들에게는 '볼 터치' 논리적 용어나 전문 용어보다는 이야기가 들어 있는 '계란 뽀뽀'라고 하는 것이 아이들의 심리를 자극할 수 있다.

"자! 친구들 오늘은 '계란 뽀뽀'를 배울 거예요! 계란을 발로 뽀뽀하면 계란이 어떻게 되죠? 계란이 깨지지 않도록 살살 발바닥으로 뽀뽀하세요"

또한, 이 시기의 아동들은 보존개념을 아직 획득하지 못하여 한 가지 차원에만 집중, 고려한다. 보존개념이란 모양은 다르지만 용량이 똑같은 두 개의 유리컵에 구슬이나 물을 옮겨 담았을 때 그 양이 불변한다고 정확히 보는 능력이다. 이러한 능력을 환원 가능성이라 하며 구체적 조작기에 들어가야 이러한 사고 능력이 발달된다.

(3) 구체적 조작기(8~11세)

이 시기에는 아동들이 구체적인 사물이나 상황에 대해서는 보존개념을 획득하고 한꺼번에 여러 개의 차원을 고려할 수 있게 된다. 특히, 이때는 어느 하나의 차원에 대한 중심화(자기중심성)에서 벗어나 보다 더 융통성 있는 사고를 할 수 있게 된다.

이때 아이들은 게임을 좋아한다. 고학년들은 축구시간에 "자! 오늘은 뭘 배울까?"라고 이야기하면 거의 대부분 "축구게임해요!"라고 이야기한다. 이때의 아이들은 게임을 좋아한다. 그러므로 모든 활동을 게임화시켜 진행하면 집중도 잘 되고 전달도 잘 된다.

이 시기에는 논리적 사고가 발달한다. 수업을 할 때 그 활동이 왜 그런지 이유를 정확하게 설명해 줘야 한다.

예를 들어, 유아에서는 '볼 터치'를 '계란 뽀뽀'라고 한다면 이 시기에는 전문용어, 논리적

용어로 '볼 터치'라고 하면 된다. 그리고 이 활동을 왜 하는지, 이 활동을 하면 무엇이 향상되는지, 이득은 무엇인지 구체적으로 설명해 주어야 한다. 그래야 설득력이 있고 아이들이 집중할 수 있다.

(4) 형식적 조작기(12~15세)

이 시기에 나타나는 가장 중요한 지적능력은 추상적 사고능력이다. 따라서 연역법·귀납법 등의 논리적 사고를 할 수 있게 된다. 특히 이 시기에 발달하는 추상적인 능력은 현실적으로 존재하건 아니건 간에 환상적인 생각을 포함한 여러 가지 가능성을 동시에 고려할 수 있다.

이 시기는 반발적 태도를 보인다. 반발이란 반항이란 말로 대신할 수 있다. 공부를 잘하는 아이건, 못하는 아이건 상관없다. 거의 사춘기 아이들은 반항적이다. 지도자라면 그 정도는 알고 수업에 들어가야 한다.

한 학생이 있다. 선생님이 이 친구를 부른다.

"야 이리 와봐"

"왜요?"

"이리 오라니까?"

"싫어요"

"선생님이 오라면 오지, 왜 말이 많아!"

이런 것이 사춘기 아이들의 특징이다. 인정해주고 공감해주어야 한다. 사춘기 아이들은 몸은 청소년이지만 머리는 성인이라고 할 수 있다.

이 시기에는 가설을 만들 줄 안다. 쉽게 이야기해서 거짓말도 할 줄 안다는 것이다.

한 학생이 있다. 이 학생은 5시에는 집에 도착해야 한다. 그런데 7시에 왔다. 아빠가 물어본다.

"아들! 왜 이리 늦게 왔어? 어디 갔다 왔어?"

"어~ 친구 집에 잠깐 갔다 왔어!"

아이는 진짜 친구 집에 갔다 왔을까? 여러분들이 중학교 시절이라고 생각해 봐라. 아마

PC방에 갔다 왔을 것이다. 하지만 여기서 중요한 것은 잘못된 것을 캐물어서는 안 된다. 꼬치꼬치 캐묻는 순간 아이와의 관계는 깨지고 만다. 그냥 이 시기의 특징이라는 걸 알고 넘어갈 줄도 알아야 한다. 왜 아이들은 지금 가설을 세우고 있기 때문이다.

유소년에게 필요한 정신력은 무엇인가?

> 정신력을 바탕화면에 깔아라

컴퓨터를 켜면 바탕화면이 항상 나온다. 바탕화면에 있는 것들은 자주 쓰는 것들이다. 정신력도 마찬가지이다. 축구에서 제일 자주 사용되는 것은 정신력이다. 정신력이 없다면 훈련, 경기 등을 잘하거나 열심히 할 수 없다.

축구에서 기본적으로 필요한 요소는 기술, 전술, 체력, 정신력의 네 가지 요소이다. 이 네 가지 요소 중 한 가지라도 빠지면 안 된다. 하지만 정신력은 중요하다. 대한민국 축구 하면 정신력 하나는 절대 지지 않는다고 인식되어 왔다. 그 정신력은 어릴 때 형성되어야 한다. 월드컵 때 우리보다 강한 전력의 팀도 정신력 하나로 마술과 같은 경기를 했다. 강한 정신력은 개인과 팀 전체의 조직력을 단단하게 해준다. 어느 스포츠나 마찬가지지만 특히 축구는 강한 정신력을 요구한다. 축구경기의 후반부에서는 체력이 고갈되기 마련이다. 이때도 체력을 유지하고 지탱할 수 있는 가장 큰 요소가 정신력이다. 쉽게 포기하지 않고 노력하는 정신이 필요한 것이다.

우리는 가끔 유소년기에 걸출한 명성으로 주목받던 선수가 몇 년이 흐른 뒤 종적을 감추듯

사라지는 경우를 자주 경험한다. 원인은 정신력의 문제이다. 너무 일찍 빛을 발한 나머지 자기 관리를 소홀히 하는 나태함의 결과이다. 즉 정신적으로 나약해짐으로써 발전이 없는 것이다. 이처럼 정신력은 축구의 필수 요소이다. 아무리 요즘 축구가 체력과 전술의 비중이 커지고 있다 해도 원천적으로 정신력이 약한 팀은 아무리 자질이 좋은 선수들이 있다 해도 쉽게 이기는 경기는 절대 없다.

배구나 야구는 분위기가 승패를 좌우하는 경우가 많다. 자기 쪽으로 분위기를 이끌었을 때 점수가 많이 나는 것이다. 축구도 마찬가지이다. 경기 전체의 분위기가 엎치락뒤치락 되면서 주도권이 바뀐다. 전국대회같이 큰 대회에 참가했을 때와 작은 대회 참가했을 때의 분위기는 다르다. 그래서 유소년 선수들은 지더라도 큰 대회에 많이 나가 경험을 많이 쌓는 것이 중요하다. 선수 스스로가 위축되면 경기가 잘 풀리지 않는다. 자신감 있는 배짱이 필요하다. 그만큼 정신적인 요소가 차지하는 비율이 크다. 정신적인 면이 강한 팀은 큰 대회에서도 실력을 최대한 발휘할 수 있다.

정신력은 바탕화면에 깔아야 한다. 그래야 필요할 때 클릭해서 사용할 수 있다. 자주 사용하지 않으면 나중엔 찾을 수 가 없다.

먼저 자기 자신과 싸워 이기게 하라

상대 팀과 싸우기 전에 우리는 자기 자신과 싸워야 한다. 자신을 이기는 첫 번째 방법은 선수 자신의 꿈, 비전, 목표를 갖는 것이다. 큰 꿈과 남과 함께 할 수 있는 비전, 구체적인 목표를 가진 선수들은 경기에 지더라도 흔들리지 않고 꾸준히 노력한다.

성공한 축구선수들은 공통적으로 인터뷰나 성공담을 들어보면 자기는 선천적으로 천재적인 재능을 갖고 태어났다고는 생각하지 않는다는 것이다. 물론 선천적으로 축구를 잘하는 것이 경기력에 미치는 영향은 매우 크다.

허나 아무리 우수한 재능을 갖고 태어났다고 해도 99%의 노력이 없이는 성공하기 힘들다. 타고난 재능보다 노력이 훨씬 중요하다. 축구를 잘한다고 좋은 결과가 있는 것은 아니다.

아이들에게 노력이 좋은 선수를 만든다고 가르쳐야 한다. 좋은 예로 2002년 월드컵 스타가 된 박지성 선수일 것이다. 박지성 선수는 평발을 가졌다. 그럼에도 불구하고 90분 동안 지치지 않고 뛰어다닌다. 그걸 본 히딩크 감독은 월드컵 선수선발에서 박 선수의 재능을 발견한 것이다. 박지성 선수가 열심히 할 수 있었던 것은 꿈이 있었기 때문이다. 상대팀을 이기려면 먼저 자신을 이겨야 한다.

두 번째로 필요한 것은 투지이다.

보통 정신력 하면 우리는 투지를 생각한다. 축구선수로 성공하려면 기술, 전술, 체력과 같이 눈에 띄는 요소뿐만 아니라 심리적 요소를 잘 단련시켜야 된다. 어릴 때부터 어른이 되어서까지 지속적으로 성장하는 선수에 있어서 꼭 필요한 정신적 요소가 있다. 투지가 바로 그것이다.

투지는 사전적 의미를 보면 '싸우고자 하는 굳센 뜻'이라고 나와 있다. 투지는 스스로 자신의 기분을 고취할 수 있는 능력을 말하기도 한다. 이러한 능력과 함께 지기 싫어하는 승부욕이 있는 사람은 곧 성장할 수 있는 선수라고 해도 좋을 것이다.

심리적 압박을 이기게 하라

유소년선수들은 꼭 이겨야만 한다는 강박관념을 갖고 있다. 지면 쉽게 실망을 한다. 일반적으로 과도한 긴장으로 평상시의 실력을 발휘하지 못한 상태를 '들뜬 상태'라고 하는데 그 원인은 승패에 관한 생각이나 발상에 있어서 꼭 이겨야만 된다는 지나친 부담을 가지기 때문이다.

시합에서 들뜨기 쉬운 유소년들은 이기는 시합이 아니면 아무런 가치도 없다는 식의 강박관념을 가진 유소년들이다. 이겨야만 된다고 생각하고 있으면서 동시에 지면 어떻게 될까를 아울러 생각하게 된다. 즉 이기는 결과에 대해 신경을 쓰는 나머지 원치 않는 결과에 대해 미리 겁부터 먹게 되는 것이다.

이와 같은 생각에 젖어 있으면 평상시의 실력도 발휘하지 못하고 시합을 망치고 만다. 먼저 자신이 최선을 다하는 것이 중요하다. 승리란 최선을 다한 뒤에 오는 결과라고 생각하는 것이 좋다.

시합에 있어서 최선을 다한다는 것이란 상대의 힘 또는 전력을 연구하여 상대방에 이기려면 어떻게 하면 좋을까를 생각하는 일이다. 그리고 난 뒤 자기가 짜 놓은 작전 또는 팀의 전술을 충실히 실행에 옮기는 것이다. 이긴다는 것 그 자체에 의식을 집중시키는 것이 아니라 이기기 위해 짜 놓은 전술에 의식을 집중시킨다. 이것이 바로 선수들이 해야 할 의무이다.

최선을 다해 이기면 금상첨화이겠지만, 패했어도 후회가 없다는 마음으로 선수 생활을 하는 것 역시 중요하다. 그리고 상대 팀의 전력과 자기 팀의 전력을 객관적으로 비교한다. 물론 유소년기에는 코치나 감독이 해야 할 일이다.

냉정한 분석으로 이길 수 있는 확률이 없더라도 노력 여하로 승률은 올라가고, 다시 더 노력하면 승리할 수 있다는 생각으로 매일 연습에 정진해야 한다. 이렇듯 발상을 전환하면, 심리적 압박감으로부터 심하게 괴로워하지 않게 될 것이다.

큰 시합을 앞두고 있으면 어느 누구나 심리적 압박을 받게 된다. 작은 대회라도 결승전에서 우승을 앞두고 긴장하지 않을 선수는 없다. 긴장감은 무조건 마이너스일까? 긴장감이 무조건 마이너스 작용을 할 거라고 생각하겠지만, 사실 긴장감 그 자체는 마이너스와 플러스 효과에 다 같이 작용한다. 적당한 긴장감이 필요하다. 긴장은 자연스러운 것이다. 긴장은 누구나 한다. 긴장을 이기는 방법은 연습, 연습 또 연습을 통해 내 실력을 키우는 것이다.

승리보다 중요한 것은 무엇인가?

아이들에게 질문을 하라.

"이기는 것이 중요한가요?"

"아니요"

"그럼 뭐가 중요한가요?"

아이들 스스로 노력하는 것이, 훈련하는 과정이 중요하다는 것을 알 수 있도록 해줘야 한다. 승리보다 더 중요한 것들은 무엇이 있는가 알아보자.

1) 노력만이 승리를 만든다고 가르쳐라

"노력, 안녕하세요" 유소년축구클럽의 인사법이다. 자기 팀만의 인사법을 만들어라. 그것도 감독이나 팀의 철학이 담긴 것으로 만들면 팀을 이끄는 데 도움이 된다. 철학이 있으면 오래간다. 아이들에게 이기는 것보다 '노력'이 더 중요하다는 것을 가르치기 위해 만든 인사법이다. 승리는 노력과 최선을 다해야 얻어진다. 여기서 최선은 평상시 연습하던 것을 시합에서 펼쳐보이도록 힘쓰는 것이다. 자기 실력의 절반밖에 발휘하지 못한 가운데 경기가 끝나고 말았다는 일이 없도록 최선의 준비를 해 두는 것이다. 최선을 다하겠다고 다짐한다면 무계획적인 연습은 하지 않게 될 것이다. 연습을 되는 대로 하게 되면, 시합에 있어서 최선을 다하기 어렵다. 계획을 가지고 최선을 다할 때 운도 따라붙는다.

2) 승리만 보면 스포츠가 아니다

승리만을 목적으로 한다면, 축구는 더 이상 스포츠가 아니다. 승리지상주의는 대회의 단점이다. 유소년축구대회를 개최하고 참가시키다 보면 아이들이 너무 좋아한다. 하지만 이기면 상관이 없는데 게임에서 지는 경우가 있다. 어떤 아이들은 대회가 끝나면 너무 실망해서 축구를 그만둬 버리는 경우까지도 있다. 이런 경우는 승리만을 위해 축구를 배운 경우일 것이다. 그리고 축구대회의 단점이기도 하다. 단점을 보완하기 위한 방법이 하나 있다. 팀 수가 아무리 많이 나와도 경기 방식을 리그 방식으로 하고 등위를 가리지 않는 것이다. 경기가 끝나면 모두에게 금메달을 주는 것이다. 시상대에서는 노력하고 최선을 다했기 때문에 금메달을 준다고 한다.

승패보다는 좋은 경기를 펼치고 그 좋은 경기를 승리로 연결시키는 목표를 정해야 한다. 작은 목표를 잡아라. 그리고 성공을 맛보게 하라. 작은 성공은 큰 성공을 만든다. 예를 들어 감독이 아이들에게 대회 참가 전에 목표를 지시한다.

"요번 대회에서는 크로스로 올려 1골만 넣자. 그러면 감독님이 선물을 줄 것이다"

승리하는 것보다 과정이 더 중요하다. 지더라도 평소 준비한 목표를 완벽히 소화하며 경기를 했다면, 우연히 승리한 게임보다 엄청난 값어치가 있는 것이다. 이기는 것만이 스포츠가 아니다. 지는 것도 스포츠다.

3) 지는 것을 부끄러워하면 발전한다

아이들은 축구게임에서 늘 이기고 싶어 한다. 지면 우는 아이도 있다. 이기고 싶어 하는 마음, 승부욕이 없으면 축구실력은 향상되지 않는다. 하지만 심한 아이들은 짜증이 오래가는 아이들도 있다. 그런 행동은 도움이 되지 않는다. 축구 게임은 늘 지기도 하고 이기기도 한다. 영원한 승리자는 없다. 누구나 패한 경험을 갖게 된다. 경기에서 졌을 때의 태도는 그 선수의 인간성이나 사고방식을 반영한다. 자기의 실력이나 연습이 게을렀다고 생각되면 부끄러운 생각을 가져야 한다. 부끄러우면 연습하고 연습해야 한다. 그런 아이들이 성장하고 발전한다. 반면 최선을 다했다고 생각되면, 졌을지라도 승리자를 추켜세울 줄 알고 배우려고 하는 선수가 되어야 한다.

시합에 들어가기 전까지는 강팀 약팀이 따로 없다. 시합에서 이긴 팀이 강팀인 것이다. 졌을 때 자포자기에 빠지는 선수는 결코 성장하지 못한다. 자기가 세운 목표대로 좋은 경기를 펼쳤다면, 자부심을 잃지 말고 다음 단계로 커 나갈 수 있어야 한다. 지도자는 항상 교육해야 한다. "축구를 하다 보면 지는 게임이 더 많을 수 있다. 지는 것은 배우는 것이다"라고 말이다.

4) 상대방을 존중하고 악수할 줄 알아야 한다

축구 경기장에서 싸우는 것을 많이 보았을 것이다. 대학교 다닐 때 5개 대학 체육과 축구대회가 생각난다. 경기 도중 심판의 오심에 때문에 경기장 밖으로 팀 전체가 나온 적이 있다. 안 좋은 기억이다. 매너가 없는 행동이었다. 축구발전을 위해선 승패를 인정하는 것이 먼저다. 생활체육대회나 유소년대회 때도 감독들끼리 종종 심판판정에 불만을 나타내며 싸우는 경우도 있다. 깨끗한 시합, 감동적인 시합에는 늘 페어플레이 정신이 뒤따른다. 축구를 구경하는 사람들도 1분도 채 못가고 늘 반칙으로 끊기는 경기에는 짜증이 나기 마련이다. 아이들끼리 서로가 상대방을 존중해주며, 정정당당한 승부에 투지를 발휘할 때 가장 값진 배움이자 지도자들이 신경 써야 할 부분이다.

자기도 축구를 사랑하는 축구선수이고, 상대방도 축구를 사랑하는 축구선수이다. 같은 축구인으로서 서로 자기의 기량을 뽐내며 승패에 승복할 줄 아는 축제로 매 경기를 인식해야 한다. 시합이 끝난 뒤에는 서로 간에 악수를 나눠야 한다. 서로의 감독에게 인사하는 것을 가르쳐야 한다. 축구는 축구로 끝나는 것이 아니다. 존중과 예의도 배우게 된다.

  시합 중에는 서로 이기기 위해 불꽃이 튄다. 이기기 위해 몸을 던져 사력을 다한다. 투지가 넘쳐 격렬한 경기가 되기도 한다. 그러나 시합종료의 휘슬이 울리면 경기는 분명 끝났다. 서로 간의 투지도 사라진다. 아무리 아쉬운 경기였다고 하더라도 시합은 끝났으니 상대방 선수들과 악수를 하며 서로 잘 싸웠음을 표하는 것이 필요하다. 경기에 졌다고 해서 상대방이 내민 손을 잡아 주지 않고 무시하는 일은 없어야 한다.

  반면 경기할 때는 승부를 불사르면 몸싸움까지 하면서 경기를 하지만 경기가 끝난 뒤에는 서로 웃으면서 이야기할 수 있는 선수가 진정한 선수다. 그래야 성인이 되었을 때 유니폼을 서로 바꿔 입을 수 있다. 그리고 선수뿐만 아니라 감독, 심판들한테도 예의를 지킬 줄 아는 아이들로 육성해야 한다.

유소년축구 무엇이 중요할까?

> **유소년 축구는 한국 축구의 미래다**

유소년 축구가 중요한 이유는 무엇인가요? 몇 년 전에 TV에 어린이 축구 프로그램이 방영되면서 유소년 축구에 대한 관심이 높아졌을 때가 있었다. 하지만 유소년축구는 유행이 아니다. 축구발전을 위해서는 반드시 유소년축구가 필요하다.

유소년축구는 축구의 미래와 희망을 가진 잠재력이 무궁한 어린 선수들에 의한 축구를 의미하며, 항상 현재보다 미래의 관점에서 모든 것이 해석되어야 한다. 그러나 유소년 축구의 미래를 결정하는 대부분은 과거와 현재에 의해서 영향을 받기 때문에 보다 다양한 경험이 고려되어야 한다. 예를 들어 인사이드가 안 된다고 해서 아이들에게 인사이드 기술만 가르치면 아이들은 흥미를 잃게 된다. 어린 시기에는 스펀지처럼 모든 것을 받아들인다. 그러므로 다양한 기술을 체험하게 해주는 것이 중요하다. 유소년을 과소평가하지 마라. 다양하게 가르치려면 그냥은 안 된다. 정확한 계획이 있어야 한다. 지도자는 연간계획을 가지고 있어야 한다. 그래야 다양한 경험을 시켜줄 수 있다. 계획이 없으면 그냥 지도자의 경험으로만 가르치게 된다.

유소년축구는 미래축구를 결정하는 주인공으로서, 그들이 가진 재능과 능력을 바탕으로 어떻게 육성하느냐 하는 것은 경기력 향상을 위해서 가장 중요한 과정에 해당한다.

체력이 먼저인가? 기술이 먼저인가?

훌륭한 축구선수가 되기 위해 무엇이 필요한가? 그것은 빠른 스피드와 체격과 같이 선천적인 것이 있는 반면 그 외의 기술적인 면과 체력 등의 부분은 후천적 노력에 의해 결정된다. 이 중 기술적인 능력이 가장 빠르게 발전할 수 있는 시기가 바로 유소년 시절이다. 체력적인 부분은 나이가 들어 어느 정도 성장을 한 이후에도 꾸준한 훈련을 통해 떨어진 체력을 끌어올릴 수 있다. 하지만 기술적인 면에서 나쁜 습관이 몸에 들어버리고 조정이 늦어지면 어느 정도 시점 이후에는 고쳐지기가 힘들다. 바른 자세의 기술을 어릴 때부터 몸에 익히게 해야 한다. '세살 버릇 여든까지 간다.'는 말이 있듯이 좋은 습관을 들이기 위해서는 어리면 어릴수록 좋다.

예를 들어 어린 시절에 어떤 조건을 가지고 어떻게 기술을 습득하느냐에 따라 더 나은 기술적인 부분이나 코디네이션적인 부분을 습득할 수 있다. 우리는 보통 아마추어 아이들을 지도할 때 처음 축구를 배우게 되면 아이들의 못할 거라고 생각하고 달리기 게임이나 기초체력 훈련에 치중하게 된다. 하지만 아이들은 받아들이는 것이 엄청 빠르다. 지도자가 알고 있는 모든 기술을 알려줄 필요가 있다. 물론 잘하는 아이도 있고 못하는 아이도 있다. 못한다고 안 가르칠 순 없다. 서두에도 이야기했지만 경험이 중요하다. 배웠던 아이와 배우지 않았던 아이는 전혀 다르기 때문이다.

먼저 기술적인 부분을 습득하고 나면 기본적인 체력훈련을 하면서 점점 커나가게 되고 경기를 거듭하면서 전술적인 부분이나 임기응변 능력이 늘어나게 되어 부족한 부분을 채울 수 있다. 거기에 스피드가 붙는다거나 체격이 커지게 된다면 비로소 그 선수만의 고유한 캐릭터가 생겨나게 되는 것이다. 화려한 개인기를 가진 브라질이나 유럽축구 선수들도 어린 시절에 풋살로 개인기를 연마해 현재 많은 도움이 되고 있다고 말하고 있다.

그런데 유소년들을 지도할 때는 꼭 명심해야 할 한 가지가 있다. 아이들이 흥미를 느낄 수 있게끔 즐거움이 우선되어야 한다는 것이다. 아이들에게 축구를 통한 즐거움을 느끼게 해주어 흥미를 유발시키고 거기에 덧붙여 즐거움의 테두리 내에서 기술적인 훈련과 체력적인 훈련을 가미해 주어야만 아이들이 축구에 싫증을 느끼지 않게 된다. 축구가 하나의 놀이로 인식될 수 있게 항상 친절하고 쉽게 시범을 보여주어 자연스럽게 아이들의 참여를 유도해야 한다. 그래서 FIFA에서도 축구지도자 훈련 과정의 유소년 축구 지도의 가장 모체는 "FUN"이다.

주의할 점은 재미있게 가르치는 것을 기술을 배우는 재미를 느끼게 해주어야 하는데 재미와 흥미를 위해서 아이들과 장난을 치는 경우가 있다. 아이들과 장난을 하면 그때는 재미있을 수 있다. 하지만 장난을 치면 지도자의 권위가 떨어지게 된다. 그럼 아이들은 지도자의 말을 듣지 않게 될 수 도 있다. 재미는 장난으로 만들어지는 것이 아니라 기술 습득을 몸으로 느끼면서 재미가 생기게 해야 한다.

축구를 잘하기 위해서는 체력과 끈기, 기술 등 여러 가지 면을 모두 갖추어야 한다. 하지만 유소년시절에는 체력적인 면보다는 기술적인 면을 강조하고 훈련해서 훌륭한 선수를 만들 수 있다.

야~ 몰려다니지 마!

어느 날 축구대회 참가한 유소년들의 경기를 보게 되었다. "어디에 있어? 더 바깥으로 움직여야지? 몰려다니지 마!"라고 말하는 지도자의 화내는 목소리를 자주 듣는다. 이는 분명 위치가 나쁘다는 것을 지적하는 것이다. 몰려다는 것은 유소년들의 탓이 아니다. 저학년들은 뇌 구조상 몰려다닐 수밖에 없다. 하지만 고학년이라면 훈련을 통해 극복할 수 있다.

몰려다니지 않으려면 먼저 개인 개인의 기술이 있어야 한다. 저학년일수록 전술보다는 개인기에 치중을 해서 가르쳐야 된다. 선수 자신이 실력이 있어 볼을 계속 소유하고 있으면 패스도 당연히 많이 나오게 된다. 몰려다니는 것은 어렸을 때뿐이다. 나이가 먹어가면서 자연스럽게 위치를 배우게 된다.

"평상시 '방향성'에 대한 훈련을 해주지 않은 지도자의 잘못이다. 방향성이라는 것은 어디로 공격할 것인가를 인식하는 것이다. 이를 극복하기 위해서는 1대1이나 2대1, 2대2 인원수를 변화해 나가면서 방향성을 의식한 훈련을 통해 극복할 수 있다. 공격 측은 '어떻게 돌파할 것인가, 또는 공을 키프할 것인가'를 생각해서 움직이고, 수비 측은 '어떻게 공을 뺏을 것인가'를 생각하도록 한다" 박경화 감독은 『알기 쉬운 축구 지도법』 책에서 말하고 있다. 몰려다니지 않기 위해서는 평상시에 훈련을 통해 생각하는 습관을 몸에 익히는 것이 중요하다.

유소년축구는 놀이다

공놀이는 공을 가지고 놀이하는 것은 그 공을 가지고 자유롭게 노는 범위 내에서는 나이에 관계없이 재미있는 놀이이다. 어린 시절에 공을 좋아하고 공을 가지고 노는 것은 축구실력에 큰 영향을 미친다.

발전단계에 놓여있는 어린이는 자유롭게 놀 때 자극과 충동이 필요하다. 어릴 때 운동장이나 공터에서 마음껏 뛰어 놀면 놀수록 생리학적으로 특별한 발전에 더욱 도움이 된다. 이러한 넓은 장소가 점점 없어진다. 게다가 큰 도시에서 이러한 장소는 벌써 누가 차지하고 있거나, 도시계획에 의해서 건물이 세워져서 놀이의 가능성이 없어진다. 예전엔 축구를 배운다는 것은 학교에서 선수들이나 하는 것이었다. 아이들은 모이기만 하면 운동이나 동네 골목길에서 축구도 하고 놀이도 했다. 하지만 요즘 아이들은 놀이할 시간도 없다. 어릴 때부터 입시열기가 치열해서 학원을 몇 개씩 다닌다. 하지만 밖에 나가서 놀 시간은 없다. 그리고 밖에 나가는 것을, 노는 것을 무서워한다. 아이가 집에 1명씩밖에 없으니 무슨 일이라도 날까 봐 밖에서 못 놀게 한다.

아파트 내 놀이터나 부근에서 보통 공놀이는 금지된다. 그러나 자유롭게 놀면 커서 발전하게 되는 운동의 다양성에 결정적으로 영향을 미칠 기술의 기초를 발달시킬 수 있다. 모든 재능을 발전되어지기 위해서는 놀이하는 분위기가 필요하다.

결과적으로, 축구는 단지 승리하는 경기에 있는 것만은 아니다. 낮은 운동 능력이 있는 선수도 그 범위 내에서 최대의 능력을 발휘하는 데 있다. 축구연습을 하는 동안 어려운 고비를 이겨내는 것은 재능에 달려있는 것이 아니라 재미있는 놀이기 때문에 극복할 수 있는 것이다.

반복연습이나 훈련에서 어린 선수는 그 경기를 이해할 수 있어야 한다. 교육훈련의 목표는 어린아이들에게 가능한 기쁨을 가르쳐 줄 수 있어야 한다. 그것은 놀이를 통해 나오게 된다.

예를 들어 경찰과 도둑 놀이가 있다. 이 놀이는 아이들에게 속임수 기술, 방향 전환 페인팅 동작을 가르치기 위한 것이다. 콘을 4개 1m*1m 간격으로 네모 모양으로 놓는다. 가위바위보를 해서 이긴 사람이 경찰을 하고 진 사람은 도둑을 한다. 경찰은 도둑을 잡기 위해 쫓아간다. 그러다가 방향전환을 해서 상대방을 속이는 놀이이다. 하지만 이것을 놀이로 하지 않고 지도자의 이론적인 설명으로만 수업이 된다면 아이들은 흥미를 느끼지 못할 것이다. 유소년 축구는 놀이로부터 접근해야 한다.

연령별 지도 방법은 무엇인가?

1) 10세 이전 유아 및 저학년의 훈련 특징

적응기라고도 한다. 흥미유발기간이라고도 한다.

10세까지의 유소년은 놀이를 통해 기본적인 움직임과 조정력을 배우게 되며 체력적인 훈련에 대한 준비를 경험하게 된다. 이 나이의 유소년선수들은 다양한 기본적인 움직임을 배워야 하는 시기이다.

움직임을 즐기고, 경쟁하는 것을 좋아하고, 완전히 성장하지 않은 근육과 짧은 집중력기간을 가지고 있으며 상당히 감정에 노출되어 있고, 특정 성인선수에 대한 무조건적인 호감과 성장과 육체적 발달은 큰 차이가 보이지 않는다.

축구의 즐거움을 원칙으로 하고 반드시 필요한 지도만을 훈련하고 기본적인 생활지도도 함께 지도한다. 유소년교육은 전인교육이 되어야 한다. 전인교육이란 인간다운 교육을 말한다. 모든 교육이 지향하는 것이다. 특히 축구는 단체경기이고 여러 사람이 함께 하기 때문에 사회성과 인성을 기르는 데 좋은 스포츠다. 예를 들면 시간 지키기, 배려하기, 약속 지키기, 결석하지 않기, 협동, 예절, 스포츠맨십, 단정한 복장 등을 말한다. 지도자는 본보기가 되는 모델이 되어야 한다. 지도자는 매일 늦게 오고, 수업 준비도 안 돼 있고, 공부도 안 하면서 아이들에게만 잘하라고 지시한다. 공정하며, 시간을 엄수하고 열정적이며 상대와 심판을 존중할 줄 아는 그리고 정정당당한 경기를 장려할 줄 아는 선수로서 말이다. 유소년훈련은 성인훈련의 복사본이 되어서는 안 된다. 선수의 필요에 따른 훈련이 시행되어져야 한다. 성인들은 배우려하지 않고 어떠한 체계적인 훈련도 없이 그냥 운동장에 나와 경기를 한다. 물론 체계적으로 운동하는 성인 클럽들은 제외이다. 유소년들은 스펀지처럼 지도한 내용을 잘 받아들이기 때문에 체계적인 지도를 해주면 잘하게 된다.

7세 이하

이 시기 아이들은 축구의 기술을 경기를 하면서 터득하게 된다. 여러 가지 기술들이 연습에 의해서 조금씩 향상이 된다. 그러나 만약에 기술훈련이 2명이 한 조가 되어 한다면 경기가 복잡해지므로 혼란해질 것이다. 그래서 아이들은 몰려다는 것을 좋아한다. 프로그램을 계획할 때 어려운 것 말고 쉬운 것부터 하는 것이 좋다. 어려운 것을 접하게 되면 이 시기의 아이들은 도전하는 것이 아니라 흥미를 잃을 수도 있기 때문이다. 이때 아이들은 이야기 놀이로 흥미를 자극할 수 있다. 예를 들어 제자리에서 양발 인사이드로 하는 드리블 연습을 아이들에게 흥미를 주기 위해서는 이야기 제목으로 바꿔야 한다. "꽃게 드리블"로 말이다.

이 시기에는 축구실력이 뛰어난 한 친구가 주도하게 된다. 아이들은 공을 따라 몰려다니기 바쁘다. 이 연령층에서 중점을 둬야 할 것은 게임을 함에 있어서 잘한 것에 대한 용기를 갖게 하고 그에 대한 칭찬을 해주어야 한다. 또한 아이들은 집중력이 오래가지 않는다. 너무 한 기술훈련에 오랜 시간을 소요하다 보면 금방 싫증을 낼 수 있으므로 체력훈련과 균형 있는 프로그램을 필요로 한다. 볼을 가지고 하는 경우와 볼을 안 가지고 하는 경우에 있어서 어느 방법이든 하나만을 편중하여 훈련하는 것은 피해야 한다.

8~10세

나이가 어릴 때는 어떤 종류의 킥을 택할 것인가가 중요하다. 아이들에게 자신감을 줄 수 있는 방법 중에서 킥 훈련을 추천한다. 일단 잘 차고 멀리 차게 되면 자신감이 생긴다. 그래서 더 훈련을 열심히 한다. 아이들은 자신이 잘되는 킥을 연습을 함으로써 자신만의 킥 스타일로 발전시켜야 한다. 그러기 위해서는 골대가 있는 운동장을 선택해야 한다. 골대가 없다면 벽이 있는 공간을 선택해야 한다. 그래야 아이들이 좋아하고 지속적으로 슈팅 연습을 할 수 있기 때문이다. 킥 연습은 또한 볼의 정지, 헤딩, 드리블에도 적용된다. 볼 크기의 선택은 매우 중요하다. 이 단계에서도 기본적인 움직임은 매우 중요하다. 축구를 지속적으로 오래하기 위해서는 기술을 배우고 익히는 재미를 줘야 한다.

이 연령층에서는 볼을 소유하는 것을 이미 알고 있으며 유소년들은 볼을 소유하기 위해 경쟁한다. 한편 전술의 기초를 알려줘야 할 단계이다. 골을 넣기 위해 게임을 하는 동안에, 공격과 수비의 움직임은 볼의 잃음과 획득이 반복적으로 일어난다. 공간이 한정되어 있으며 득점을 하나의 목표로 하면서, 공격은 빈 공간에서 이루어짐을 원칙으로 해야 한다.

경기가 하나의 득점에 집중이 될 때 또 몇 명의 선수들에 의존하고 그 선수가 공격과 수비를 다하는 것을 조절해야 하는 시기이다.

2) 11세 ~ 13세 초등 고학년의 훈련 특징

'운동장 놀이 시기'라고도 한다. 이 시기에는 아이들이 배우고 싶어 하는 열정과 잘하고 싶어서 스스로 훈련도 한다. 축구를 좋아하는 아이들은 학교 갈 때도 공을 들고 다닌다. 점심시간에도 축구 생각만 한다. 이 단계에서 계획적으로 배우고 가르칠 수 있어야 한다. 이 나이의 유소년들은 알기를 원하며 배우기를 원한다. 이러한 이유로 그들은 기초적인 테크닉과 전술과 일반적으로 육체적인 기초를 세우고 좋은 지도자를 요구한다. 아이들은 좋은 지도자의 좋은 시범을 보여주기를 원한다.

유소년들은 그들의 게임할 대상을 찾기 시작하며 팀 안에서 자기 포지션을 맡기 시작한다. 그러나 근본적으로 그들은 그들의 게임에 대한 평가에 관해서는 비판적이 못 된다. 이 시기에는 성공과 패배의 경험이 더욱더 확실히 경험된다. 시합에 관한 방법의 연구는 앞으로의 발전에 큰 영향을 미치기 때문에 매우 중요하다. 기술의 발전은 게임과 구별되어져서는 안 되고 실기교육으로 한정되어져서도 안 되고 이론 교육도 병행되어야 한다.

　이 시기에는 인사이드나 아웃사이드 패스를 지도할 때 기본기 말고도 슈팅까지 연결하는 복잡한 단계까지 유소년들은 받아들일 수 있으므로 적용해야 한다. 공을 패스하는 방법, 때, 장소는 경기상황에 따라 상대선수나 동료선수의 움직임에 따라 변한다. 공을 인사이드 킥이나 아웃사이드 킥으로 할 것인가 하는 가장 좋은 결정은 본인이 한다. 기본기를 갖춘 상태라면 응용할 수 있도록 자유롭게 훈련할 수 있는 방법을 활용한다.
　이 시기에는 사춘기가 오는 아이들도 있다. 자신감, 사려 깊은 생각 등 사회성을 키우기에 좋은 나이 때이기도 하다. 이 시기는 유소년 선수들에게 있어 '황금 나이대'로 불리는 시기이다. 다양한 육체적 및 이동기술 개발, 새로운 기술 습득에 대한 열정, 동료, 부모 및 코치 인식이 개발되어야 하는 시기이다.

　주의사항도 간과해서는 안 된다. 유소년들에게 어떤 기술시범은 매우 중요하다. 기술을 배우고 정기적인 훈련을 시행하며 조직적으로 기술을 가르치며, 스스로 독립적이 될 수 있도록 돕고, 그들 자신 스스로 책임을 질 수 있도록 교육한다. 아이들은 의욕이 넘치고 새로운 기술을 배우고 싶어 하기 때문에 습득이 빠르다.
　반드시 올바른 시범을 보이고 호의적 행동에 대해선 칭찬하며, 기술의 개발과 연습이 경기의 결과보다 더욱 중요하다는 것을 인지하고, 그들이 모든 포지션에서 플레이하도록 해서 멀티플레이를 할 수 있도록 해야 한다. 시기는 배움의 시기이고, 내가 잘하는 것을 찾는 시기이다. 지도자는 선수들의 특성을 찾아 주는 역할을 해야 한다. 그렇게 하려면 여러 가지를 시켜 봐야 한다.
　이 시기에서는 팀 정신력의 강화에 신경을 쓰고 특별한 주의를 기울여야 한다. 또한 여기에서는 게임의 올바른 정신을 심어 주어야 한다. 이제는 축구 경기장 본래의 크기에서 훈련을 해야 한다. 또한 기술적인 훈련의 목표인 슈팅과 수비를 원숙하게 하기 위한 기본적인 원칙들을 상세히 설명해줄 때이다. 이제는 넓은 시야를 가지고 주의 깊게 게임을 전개해 나가도록 유도해야 한다. 여기에서는 공격형 선수인가, 수비형 선수인가를 다양한 경험을 통해 본인 스스로 느끼게 해 줘야 한다.

이제는 포지션 별로 훈련시켜야 한다. 골키퍼, 수비, 공격 등 세세한 포지션별 훈련이 필요하다. 이렇게 습득한 기술을 통해 여러 가지 다양한 상황에서 적합한 포지션을 찾아야 한다. 최대한 큰 운동장에서 훈련을 통해 각자의 위치에 대해 인식시킨다.

2장
축구 지도자론

지도자의 역할

　지도자는 본인이 축구를 잘한다고 유소년들을 잘 가르칠 수 있을까? 지도자는 모든 면에서 탤런트가 돼야 한다. 지도자의 역할은 유소년의 재능과 미래성을 발견하여 육성하고 꾸준히 축구를 할 수 있도록 도와줘야 한다. 지도자는 유소년들의 심리 상태를 파악해야 한다. 예를 들어 열심히 하는 유소년, 훈련 때마다 악바리 정신으로 노력할 수 있는 유소년, 인내심이나 정신력을 갖고 있는가에 대한 판단하고 각자에 맞는 포지션과 역할을 주어야 한다. 지도자는 합리적인 훈련 계획을 수립하고, 훈련을 실시하는 대상을 바르게 진단하고 이 진단을 바탕으로 훈련계획, 훈련장비의 구비 훈련의 점진적 상승 등 정확한 훈련 계획을 수립해야 한다. 지도자는 유소년의 개성과 장단점을 파악하고 있어야 한다. 모든 유소년은 체력, 정신력, 기술 등에 있어서 장점과 단점을 가지고 있다. 훈련에 있어서 각 유소년의 개별성을 고려하여 유소년이 갖은 장점을 살려주고, 결점을 보완함으로써 보다 나은 성과를 기대할 수 있다.
　지도자는 기술의 지도능력이 필요하다. 유소년들이 보다 쉽게 이해할 수 있게 이론적으로 공부하며 시범을 정확히 보여줌으로 이해력을 높임과 동시에 시청각교재를 활용할 수 있어야 한다. 지도자는 전문지식 습득을 게을리해서는 안 된다. 공부는 아무리 강조해도 지나치지 않다. 공부하지 않는 지도자는 길게 갈 수 없다. 모든 답은 공부에서 얻을 수 있다. 당신은 축구 관련 서적이 몇 권 있는가? 바로 대답 못하면 반성해야 한다. 지금이라도 늦지 않았다. 서점에 가서 바로 책을 사자. 그나마 이 책을 읽고 있는 사람은 양호한 사람이다.

유소년의 건강관리, 인간관계의 관리, 훈련방법, 훈련, 시합 등 다양한 면에 이르기까지 충분한 경험을 뒷받침할 수 있는 전문지식을 습득해야 한다. 지금부터라도 일지를 써라. 일지로 기록해 놓으면 프로그램을 기획할 때 도움을 많이 받게 된다.

지도자는 프로그램을 짤 때 재미요소를 넣어야 한다. 훈련할 때 재미있고 힘든 줄 모르게 훈련할 수 있는 프로그램 및 분위기를 유도해야 한다. 재미없으면 유소년들은 축구를 즐길 수 없다. 지도자도 마찬가지다. 맨날 똑같은 것을 반복해서 가르치면 재미있게 오래 지도자 생활을 할 수 없게 된다.

지도자는 안전한 훈련을 계획해야 한다. 아무리 강조해도 지나치지 않는다. 우승을 하면 뭐하는가? 훈련 중에 사고나, 이동 중에 사고가 나면 모든 것이 물거품이 된다. 안전을 위해 지도자는 유소년들의 수분보충을 위한 휴식, 용구와 시설점검, 준비운동과 정리운동을 철저히 하는 습관을 들여야 한다. 지도자는 유소년들을 위해 보험을 가입해야 한다. 이동 중이나 훈련 중이나 대회 중에 불의의 사고가 안 나면 좋겠지만 사람 일은 아무도 모른다. 안전에 대한 철저한 준비가 필요하다.

박정근은 2009년 유소년스포츠지도서에서 지도자의 역할을 이렇게 말하고 있다.

지도자는 조직의 기획자 역할을 해야 한다. 강습과 훈련, 피드백을 할 수 있는 교사의 역할을 해야 한다. 경기에서 승리할 수 있는 승리자 역할을 해야 한다. 응급처치자 및 의료컨설턴트의 역할을 해야 한다. 동기부여자 역할을 해야 한다. 체력관리자 역할을 해야 한다. 성품개발자 역할을 해야 한다. 부모 역할을 해야 한다. 친구 역할을 해야 한다.

지도자는 유소년들의 모든 것을 알고 축구뿐만 아니라 앞으로 잘 살아 나갈 수 있는 인간적인 면까지 지도할 수 있어야 한다는 말이다.

지도자는 유소년들이 축구를 스스로 즐기는 환경을 만들어주어야 한다. 지금 K리그에서 활약하고 있는 유소년, 또 세계 여러 곳에서 활약하고 있는 유소년에게는 무슨 공통점이 있을까? 그것은 어린 시절에 좋은 지도자를 만났다는 것이다. 지도자라는 것은 자격을 가지고 있는 것만으로는 될 수 없다. 지도자뿐만 아니라 유소년들의 영향을 줄 수 있는 것은 부모나

학교 선생님이 있다. 그러한 어른의 존재가 유소년들의 축구 인생에 큰 영향을 주게 된다. 부모나 학교 선생님들은 내가 컨트롤 할 수 없다. 지도자인 나는 내가 컨트롤할 수 있다. 영향력 있는 지도자가 되기 위해 노력해야 한다. 내가 가르치는 유소년이 나중에 훌륭한 유소년이 되어, 아니면 사회가 나아가 지금의 나를 찾는다고 상상해 보라. 잘 가르치지 않겠는가?

지도자의 임무

"지도자라고 하는 것은 대단히 어렵다. 나는 초등학교부터 프로까지 모든 연대를 지도했지만, 10세 전후의 성장기에 있는 유소년의 지도는 특히 어려움을 느꼈다. 이 연대의 육성이 장래에 큰 영향을 주게 되기 때문이다. 유소년하고 말하기 전에 한 사람의 인간으로서 평등하게 접촉하여야 한다. 장래 프로를 목표로 하는 어린이도 있으며, 취미로서 축구를 즐기는 어린이들도 있다. 플레이하는 측에서 관전하는 측으로 변하는 어린이도 있다. 목적이나 꿈은 달라도 일생 축구를 계속 사랑하는 것을 원한다. 그렇게 하기 위해서는 이 연대에서 축구의 매력을 크게 전달할 필요가 있다. 그것이 지도자의 최대의 임무일 것이다"

어린이축구교실 저자 박경화 감독의 말이다.

지도자의 일반적 임무는 팀원 간의 미팅을 자주 갖는 것이다. 지도자가 바쁘다는 핑계로 주장이나 다른 사람에게만 지시하고 신경을 쓰지 않는다면 팀을 잘 운영할 수 없다.

비디오나 일지를 통해 경기분석을 한다. 경기 때마다 비디오를 찍는 사람이 있으면 좋다. 여력이 안 되면 학부형님께 도움을 청하는 방법도 있다. 그리고 일지는 지도자 스스로를 위해 쓰는 것이다. 일지는 나중에 좋은 자료가 될 수 있다. 누가 아는가? 책을 만들 수도 있지 않은가?

지도자는 팀의 평가 및 각 유소년의 평가를 한다. 가르치는 지도자라면 1년에 1회 이상은 아이들의 평가를 해야 한다. 기초체력 테스트, 기능 테스트, 경기 후 평가 등이 있다. 평가는 아이들의 수준을 알아보고 수준에 맞추어 주기 위해서이다. 그리고 학부형들이 아이들의 수준을 궁금해 한다. 평가지를 가지고 상담을 하게 되면 신뢰가 올라간다.

지도자는 팀 단합을 위해 연구하고 계획을 수립해야 한다. 그러기 위해서는 연간행사 계획표가 있어야 한다. 항상 아이디어가 있으면 메모하고 실천하는 지도자가 훌륭한 지도자이고 훌륭한 선수를 육성할 수 있다.

유소년들에게 충고와 가르침을 이야기보다는 글로 써서 줘야 한다. 글로 써서 준다는 것은 쉽지 않다. 지도자가 일지를 계속 쓰고 있다면, 일지를 보고 글을 써주면 도움이 될 것이다.

지도자의 대회 시 임무는 다음과 같다.

시합 전에 할 일

운동장에 유소년들보다 먼저 도착해야 한다. 기본 중에 기본이다.
기후 조건과 운동장 조건을 먼저 알고 익혀야 한다. (바람 방향, 햇빛 방향 등)
유소년들의 장비를 점검하여야 한다. (유니폼, 안경, 정강이 보호대, 서류 등)
선수가 마사지가 필요하면 실시해 주어야 한다.
출전 전에 전술적인 면을 이야기해 주어야 한다. (팀 전술, 개인 전술)
상대편의 포지션을 미리 파악하고 거기에 대한 장, 단점을 이야기해 준다.
전날 밤 충분한 수면을 취하게 한다.
음식은 경기시작 3~4시간 전에 먹게 한다.
경기시작 전에 선수들끼리 모여 있도록 한다.
출전 유소년들에게 마지막 작전 전술을 지시한다. (1~2가지만)
준비 운동과정 지도자가 관여하는 것이 좋다.

시합 중 해야 할 일(하프타임)

음료수를 먹고 땀을 씻게 한 후 칭찬을 많이 해주고 잘못을 지적해 주어야 한다.
전반전에 본 상대 팀의 장, 단점과 우리 팀의 장, 단점을 이야기하여 주고 이에 대비할 수 있는 전술을 간단히 이야기해 주어야 한다.
유소년 개개인에 적당한 충고를 빨리 해주어야 한다. 부상자는 빨리 치료하여 출전하도록 해야 한다. (출전여부 판단)
하프타임 동안에 이야기할 것을 미리 적어둔다.
전반적인 자기 팀 유소년의 전술의 불이행 등을 적어서 이야기한다. 칭찬도 아끼지 마라.

시합(경기) 종료 후 해야 할 일

집에 돌아가기 전에 선수들에게 칭찬하여 준다. (그 시합에 관계없이 사기가 떨어지지 않게 이야기하여 줄 것)
유소년들을 귀가시킨 후 감독(다른 관계자)과 이야기를 나눈다. 정보와 인맥을 만들어 도움을 받아야 한다.
외부인들과 팀에 대한 이야기만 하고 유소년 개개인에 대한 평은 하지 말아야 한다.
큰 부상을 입은 유소년을 확인하고 있으면 의사에게 치료시킨다.

시합기간의 훈련에 관하여

시합기간의 훈련은 인터벌의 훈련을 기본으로 삼는다.
게임 다음날은 휴식을 취하는 것이 좋다.
다음 시합에 대비하기 위하여 최고의 컨디션을 유지시킨다.
적당한 훈련과 개인 그룹 및 팀 전술을 그리고 기술을 연마케 한다.

유소년들과 우정을 함께 나누어라

팀원들의 개인적인 사항을 파악하고 관심을 가져야 한다.
팀의 유소년은 물론 학부형들과도 협력하여야 한다.
모든 팀에 관계되는 주위 사람들과 친근하여야 한다.
자기의 팀의 비평을 외부에 노출해서는 안 된다.

유소년들의 가정과 밀접한 관계를 가질 것

유소년들과의 전화 상담을 수시로 가짐으로써 유소년들의 가정생활을 알고 또한 가족들로 하여금 유소년에 대하여 좀 더 관심을 가지게 한다.
유소년들의 가족을 가끔 초대하게 하여 여러 가지 관계를 토론하도록 한다.
서신으로 서로 가족과 연락을 가져 상황판단과 팀에 대한 관심도와 유소년 자신을 위해서 좀 더 노력하여 줄 것 등을 당부한다.
가족들이 궁금해 하는 것을 미리 파악하고 알려줘야 한다.

후보 유소년들과의 관계

후보 유소년들은 언제든지 전체 포지션을 대치할 수 있어야 한다.
팀의 성공을 위하여 후보 유소년들은 항시 잘 조정되는 것이 중요하다.
서로가 후보 선수가 되지 않기 위해 더 열심히 노력하고 경쟁시켜야 한다.
때로는 자신감을 잃고 실망하는 때도 있다. 그래서 지도자는 이런 상태를 조심히 잘 설명해주어야 한다.
불평이나 불만이 없도록 하는 것도 지도자의 능력이다.

효과적인 지도 방법은 무엇인가?

> **연습목표와 계획을 먼저 잡아야 한다**

축구를 지도함에는 우선 연간의 목표, 월간, 주간 목표, 당일 연습활동에 구체적 목표 그리고 연습과정에 있어서 선수 자신들의 도달목표를 명백히 하여 보다 효율적인 연습이 이루어져야 한다. 이러한 목표의 도달은 어디까지나 지도자의 입장에서보다는 오히려 선수에게 그 바탕을 두고 있으므로 선수들에게 도달해야 할 목표를 명백히 인식시키는 일과 선수 자신들이 스스로 자발적으로 이를 향해 도달하려고 노력하는 일이 무엇보다 중요하다. 그러므로 지도자는 언제나 연습목표를 구체화하고 이를 명백히 하는 데 부단히 노력해야 성과를 얻을 수 있다는 것을 명심해야 한다.

연습목표가 구체화되고 합리적인 목표가 설정되면 이 목표에 도달하기 위하여 지도계획을 작성 수립하지 않으면 안 된다. 이러한 계획은 어디까지나 도달해야 할 구체적인 목표에 가장 효율적으로 부합되는 것이어야 하며 이를 작성할 때는 선수들의 의견이나 희망사항을 충분히 들은 뒤에 작성함이 성과가 더 크다는 것을 알아야한다.

개인차에 따라 지도한다

지도자는 선수들의 잠재능력을 발견하는 노력이 필요하다. 연습의 초기에는 기술성취의 템포가 느리거나 부주의하는 선수가 일정한 기간을 경과한 뒤 기술의 발전이 두드러진 경우를 많이 볼 수 있다. 그러므로 연습의 초기에 능력을 속단하지 말고 그들의 능력에 알맞게 지도하는 일이 바람직하다. 운동능력이 높은 선수와 낮은 선수와는 연습방법이나 연습내용이 달라야 함은 당연한 일이다.

지도자는 '원 포인트 레슨'을 할 줄 알아야 한다. 그 선수의 전술, 기술, 동작을 보고 피드백을 해 줄 수 있어야 한다. 피드백이 선수를 한 단계 올릴 수 있어야 한다. 그런 지도자가 잘 가르치는 지도자다. 선수 개개인마다 특성을 알아야 가능한 이야기다. 모든 선수를 똑같이 가르치지 말고, 인원이 아무리 많다고 해도 개인레슨처럼 가르치는 지도자가 잘 가르치는 지도자다.

유소년들의 주의를 끌 수 있어야 한다

지도자는 항상 유소년들에게 호기심을 유발시켜야 한다. 새로운 기술을 짧게 설명하고 그들에게 바로 여러 번 도전해 보도록 한다. 그들의 부족한 점을 주의 깊게 관찰하며 유소년을 모아놓고 관찰한 것을 알려준다. 설명을 길게 하지 말고 시범과 훈련을 많이 하도록 한다. 설명을 길게 해 봐라. 어린아이들은 지루해서 땅을 파고 있을 것이다.

유소년들에게 가르치기 전에 먼저 관심을 갖고 대화를 해야 한다. 의견을 물어 보고 대화하면서 유소년들이 느끼는 감정을 이해하려고 노력해야 한다. 지도자는 질문을 많이 해서 유소년의 참여를 유도해야 한다. 이런 방법들이 유소년의 주의를 끌 수 있다.

수업을 처음 하는 지도자들은 유소년들을 집중시키기가 힘들다. 지도자는 많은 준비를 했지만 아이들은 따라오지 않는 경우가 많다. 무슨 문제가 있는 걸까? 아이들과 먼저 소통이 되어야 한다. 아이들의 관심을 끌 수 있어야 한다.

연습과 피드백을 해라

　연습 시에는 유소년들이 할당된 시간 안에 가능하면 많이 반복할 수 있게 한다. 유소년들이 자신의 동작이 바른지 그른지에 대한 피드백과 반복연습은 목표달성에 있어 필수적이다. 피드백은 즉각적으로 말해주는 것이 좋고, 정확히 이해했는지를 확인하고 긍정적인 정보를 제공해 주어야 한다.

지도자 자신에게 피드백해라

　유소년들의 동작 평가는 연습과 경기 중에 실행되어야 한다. 선수가 목표를 달성하지 못했을 경우 선수에게 질책하기보다는 지도자 자신에게 스스로 묻는 것이 중요하다. 예를 들어, 훈련시간은 적절했는지, 훈련방법은 적절했는지, 빠트리고 지나간 단계가 있었는지, 생각해 보아야 하며, 다른 지도방법은 없었는지 유소년들에게 질문을 들어 보는 것도 좋은 방법이다. 다른 지도자에게 자문을 구하는 것도 좋을 것이다.

지식이 있어야 한다

　축구에 관한 기술, 규칙, 전술을 잘 아는 것으로 지식을 대체할 수는 없다. 일부 사람들은 지식은 고급선수를 가르칠 때보다 초급선수를 가르칠 때 덜 중요하다고 생각하지만 그것은 잘못된 것이다. 기초를 가르치기 위해서는 프로선수를 지도하는 것 이상의 많은 지식을 요구한다. 초보 유소년들은 여러 가지 상이한 형태의 지식을 요구하기 때문이다. 축구에 대한 기본 기술과 적절한 순서로 그 기술을 가르칠 수 있고, 지도자와 유소년들이 기쁨과 성공을 느낄 수 있는 지식을 많이 지니고 있어야 한다. 이러한 기술을 가르칠 수 있는 능력을 지녔다면 유소년들로부터 많은 존경을 받을 것이다. 이러한 존경은 유소년들에게 스포츠맨십, 감정의 조절, 타인과 자신에 대한 존경을 가르칠 때 신뢰감을 준다. 정보를 이용하거나 수집하여 유소년들을 지도하는 것은 지도자의 지적 호기심과 열정에 달려있다. 축구에 관한 책과 비디오, 잡지를 구독하거나 관련 협회에 가입해 정보를 수시로 알아봐야 하고, 인터넷을 통해 제공하는 최신축구정보는 많은 도움을 줄 것이다. 또한 다른 지도자들을 관찰하거나 분석하는 것도 한 가지 방법이다. 또한 반드시 기억할 것은 모든 지식을 이용함에 있어 연령 또는 기술수준에 따라 적절히 적용하는 것이다.

감정을 읽을 수 있어야 한다

이것은 유소년들의 생각, 느낌, 감정을 재빨리 이해하고 당신의 감정을 그들에게 전달할 수 있는 능력이다. 성공적인 지도자는 감정을 읽을 줄 안다. 그들은 유소년의 기쁨, 좌절, 불안, 분노를 이해할 줄 안다. 감정을 읽어 주는 지도자들은 유소년들을 얕보거나, 가치를 손상 시키지 않는다. 왜냐하면 유소년은 자신감 잃는 순간 모든 것을 포기하기 때문이다. 보다 손쉽게 감정을 이해하기 위해 지도자들은 유소년들을 존중하면 된다. 그러면, 더욱 많은 존경이 되돌아온다.

지도자들에게 필요한 감정코치 5단계를 소개한다. 감정이 컨트롤 안 되는 아이들을 대할 때 아주 유용한 방법이다. 이 방법은 방송에서도 여러 번 방영된 적이 있다. 궁금하면 '감정코치 5단계'를 인터넷으로 검색하면 자세히 나온다. 이 방법은 가트맨 박사가 개발했고, 한국에는 최성애 박사가 전파하고 있다. 관심이 있으면 최성애 박사의 『감정코칭』이란 책을 소개한다. 이 방법은 마법과 같은 방법이다. 직접 가족들에게 먼저 실천해 보고 경험해 보라. 아니면 애인이나 친구, 직장 동료에게 활용해도 좋다. 만약에 주위 사람들이 슬퍼하거나, 짜증낸다거나 하면 말이다.

감정코치 5단계	언어
1. 교육의 기회로 생각하라	아이가 감정이 상해 울고 있다.
2. 먼저 인정해줘라	~ 아 그렇구나!
3. 공감해 줘라	~ 나도 그런 경험이 있어!
4. 표현하게 해라	~ 얼마나 슬펐니?(아팠니? 갖고 싶었니?)
5. 해결해 준다	지도자가 원하는 것을 이야기한다.

1) 교육의 기회로 생각하라

유아반 축구 수업을 하고 있다고 생각하자. 어떤 남자아이가 게임을 하다가 친구랑 얼굴을 살짝 부딪쳐서 아프다고 울고 있다. 그런데 심한 것도 아니고 외상도 없다. 그럼 보통의 지도자들은 이렇게 이야기한다.

"괜찮아! 남자가 뭐 이런 거 가지고 울고 있어? 창피하게! 남자는 이 정도 가지고 우는 게 아냐! 창피하게 울지 마!"

이렇게 말하면 아이는 울지 않고 '네 알겠습니다.' 하고 다시 축구 게임을 할까? 먼저 이런 상황이 오면 감정코치의 기회로 삼아라. 배웠으면 써먹어야 할 것 아닌가?

2) 먼저 인정해줘라

먼저 넘어진 아이에게 '남자가 뭐 이런 거 가지고 울어!'라고 하면 아이의 감정은 무시당한 것이다. 지금 아이의 감정은 어떠한가? '아프다. 슬프다. 억울하다.'이다. 아이의 감정을 인정해 주어야 한다.

"아~ 너 아프겠다. 아파서 우는구나! 아프구나!"

3) 공감해줘라

같은 편이 되어 줘야 아이가 감정을 연다. 지도자가 남이라고 생각하면 아이는 감정을 열지 않는다. 무조건 공감해줘라.

"와 아프겠다. 나도 예전에 친구랑 부딪쳐서 다친 적 있는데. 다치진 않았니? 많이 아프지! 내가 네 맘 안다. 나도 그랬으니까!"

아이는 조금씩 감정을 인정, 공감 받았기 때문에 마음을 열기 시작한다.

4) 표현하게 해라

아이가 얼마나 아팠는지? 왜 그러는지? 자기의 마음을 표현하도록 해준다.

"얼마나 아팠어? 많이 아팠어?"

표현을 하지 않는 아이들은 손이나 그림으로 마음을 표현하게 해준다.

"아픈 정도를 숫자로 말해봐!"

아이는 아픈 감정까지 표현했다. 그럼 아이는 눈물을 멈춘다. 마법과 같이 말이다. 경험하지 못한 사람은 마법과 같은 느낌을 모를 것이다.

5) 해결해 준다

이제 마지막으로 해결책이 남았다. 쉽게 얘기해서 잔소리를 하는 것이다. 처음에 했던 잔소리 생각나는가? "남자가 뭐 이런 거 가지고 우냐? 울지 마!" 이제 눈물도 안 나고 감정이 안정이 되었다.

"왜 울었어? 누가 그랬어? 어떻게 하다 그랬니? 친구가 일부러 그랬니?"

"아니요, 모르고 그랬어요"

"그렇지! 모르고 그랬지! 이런 땐 남자는 울지 않는 거야 창피하잖아!"

"자 또 이런 상황이 오면 어떻게 할래?"

"네 이젠 안 울게요! 난 남자니까요!"

"파이팅"

자신감을 높여줘야 한다

"잘했어! 바로 그거야! 발등에 맞으니까 느낌이 어때?"

훌륭한 지도자는 칭찬 많이 하는 지도자다. 칭찬은 고래도 춤을 추게 한다. 칭찬은 아이들에게 작은 성공을 느끼게 해준다. 작은 성공은 큰 성공을 만들 수 있다. 훈련할 때 성공을 많이 경험하도록 해야 한다. 그러기 위해서는 유소년의 수준을 알고 있어야 한다. 그 유소년에게 맞는 훈련을 해줌으로써 잘하는 유소년과 아직은 미흡한 유소년에게 모두 자신감을 줄 수 있다. 자신감은 자존감으로 연결된다. 자존감을 높여주기 위해서는 벌보다는 칭찬을 많이 해주고, 지도자가 유소년에게 잘될 것이라는 확신을 보여주고, 유소년을 믿고 있다는 것을 보여주고, 유소년과의 대화를 정기적으로 해야 한다.

칭찬은 연습경기나 훈련 시 좋은 플레이라든가 훌륭하다든가 하는 식으로 타이밍을 놓치지 말고 칭찬해야 한다. "나는 별 볼일 없는 선수다"가 아니고 "나는 유능해"라는 이미지를 심어 주는 것이 유소년시기에는 의욕을 만드는 기본이라 할 수 있다. 칭찬은 유소년들에게 할 수 있는 가장 쉽고 중요한 보상이다.

전습법과 분습법을 활용하여 지도한다

전습법은 일련의 운동을 종합적으로 연습하는 것이며, 분습법은 일련의 운동을 분석하여 중점적으로 연습하는 방법이다. 코칭에는 우선 전습법으로 윤곽을 이해시킨 후에 분습법으로 정리 완성하는 것이 바람직하다. 그러나 두 가지 연습법의 장, 단점에 관한 이론은 많다. 체육학자들의 연구에 따르면 부분적 내용은 전체의 부분이란 것은 틀림없으나 부분(분습법)의 집합이 바로 전체(전습법)가 되는 것은 아니라고 한다. 이를 테면 축구경기에 있어서 패스, 킥, 태클, 슈팅 등의 부분적인 동작의 집합이 바로 전체로서의 축구 그것은 아니다. 축구는 이런 것이 부분적인 동시에 유기적으로 종합된 하나의 전체적 게임이다. 따라서 우리들의 연습 중에 아무리 그 부분적 동작을 교묘하게 잘한다 할지라도 전체적 게임에 있어서는 부분적 동작의 동일한 성적을 나타내기는 어려운 것이다. 그러나 다른 면에서 고찰하면 분습법 개중에도 그 게임 중에서 더욱 어려운 부분을 특별히 연습해두는 것은 전혀 분습법을 하지 않는 경우보다도 진보가 빠르다는 사실이다. 이러한 연구의 결과에 의하여 관찰하면 스포츠의 여러 종목은 먼저 전습법을 주로 하고 분습법을 부로 함을 원칙으로 하는 것이 좋을 것이다. 그리하여 분습법이 전습법에 대하여 어떠한 가치관계에 있느냐 하는 것은 스포츠종류의 특성에 의하여 다르다.

이를테면, 분습법이다.
① 유도, 태권도, 합기도, 검도 등과(주, 도, 투기 등) 같이 개인적으로 연습하기에 편리한 것
② 운동이 부분적으로 분해되기 쉬운 것
③ 경기 시에 감정을 비교적 적게 흥분시키는 것 등은 전체에 대하여 분습법의 가치가 더 크다.
이와 반대로 전습법이다.
① 게임이 복잡하고 더구나 그것을 분해하기에 곤란한 것

② 대인관계가 깊은 것

③ 경기 시 감정을 심히 흥분시키는 것 등은 전습법의 가치가 크다고 볼 수 있다. 즉 타임 게임, 이를테면 농구, 배구, 야구 등이 그러하다.

따라서 개인경기는 개인 연습에 의하여 분습법으로 상당히 진보하지만 타임 경기는 개인 연습으로는 비교적 진보가 적고 타임으로서의 상대를 구하여 연습함이 효과적이다.

축구는 연습시합을 효과적으로 활용한다.

지도자는 가능한 즉 연습시합을 많이 시켜야 한다. 기본 연습을 무시하는 것은 삼가야 하지만 연습시합이 부족한 것도 효과적이지 못하다. 뛰어난 개인기와 팀워크가 짜여 있는데도 불구하고 막상 시합에서 패하는 경우는 많다. 이것은 어디까지나 시합경험의 부족이 원인이 된다. 그러므로 시합이 임박했을 때에는 다소 연습계획의 진도가 안 나갔더라도 연습계획을 할애하여 시합연습을 시켜 줄 필요가 있다. 정기적으로 자체 게임이 아닌 친선게임 일정을 잡아 줘야 한다. 그것이 지도자가 할 일이다.

기술지도 7단계를 외워라(CPIDEAF)

1. 주의집중(concentration) → 2. 칭찬(praise) → 3. 소개(introduction) → 4. 시범(demonstration) → 5. 연습(activity) → 6. 설명(explanation) → 7. 행동수정(feedback)

① 주의집중 : 박수 3번 시작 – 짝짝짝

② 칭찬 : 우리 친구 나오세요. 우리 친구는 선생님이 시키는 대로 박수를 잘 쳤기 때문에 선생님을 도와주는 시범단을 해주세요. 오늘 이렇게 선생님 말에 집중하면 선생님을 도와주는 시범을 할 수 있습니다.

③ 소개 : 오늘은 인사이드 킥을 배울 거예요. 인사이드가 뭐죠? 인사이드는 가장 기본적인 킥입니다. 복숭아 뼈 아래로 차는 것입니다. 발목을 꺾고 차는 것이 중요하죠!

④ 시범 : 그럼 선생님이 시범을 보여드릴게요. 잘 보세요. (시범을 보인다.)

⑤ 연습 : 우리 친구들 한번 해 볼까요? (아이들끼리 연습시간을 준다.)

⑥ 설명 : 연습 많이 했나요? 선생님이 보니까 인사이드 킥할 때 팔을 내리고 하네요. 팔을 내리면 자세가 안정적이지 못해서 킥을 잘할 수 없어요. 팔을 선생님처럼 가슴 높이까지 올리고 있어야 해요. (설명은 소개 부분에서 다 하는 것이 아니라, 단계를 나누어 설명하는 것이 좋다. 잘 가르치기 위해서 길게 설명하게 되면 지루하고, 아이들은 집중하지 못한다.)

⑦ 행동수정 : 잘한다. ㅇㅇ이는 발목을 잘 꺾어 차는구나! 발목에 힘을 더 줘야 해.
(칭찬 먼저 하고 피드백을 준다.)

지도자의 자세가 무엇보다 중요하다

> 칭찬은 지도자의 영원한 철학이다

유치원에 체육 수업을 하러 갔다. 어느 날은 원장님이 말을 했다.

"유치원에 적응 못하는 아이가 있는데 체육 선생님이 좋아서 체육은 하고 싶다고 엄마한테 전화가 왔어요. 체육 선생님 고마워요"

이유는 체육 선생님이 엄지손가락을 들고 "최고"라고 했다는 것이다. 지도자의 한마디, 행동 하나가 아이들에게는 힘이 될 수 있다.

유소년들에게 선생님이 질문을 한다. 그러면 유소년들 반응은 어떤가? 모든 아이들이 "저요! 저요!" 하면서 서로 대답을 하려고 하는 모습을 볼 수 있다. 이는 주목을 받고 싶고, 칭찬을 받고 싶어 하는 유소년들의 기본적인 욕망의 표현이라고 볼 수 있다

방송에서 실험한 내용이다. 엄마와 아이가 짝을 이룬 10팀이 있다. 작은 방에 한 팀씩 실험을 한다. 볼풀 공이 방에 많이 있다. 엄마는 바구니를 들고 있고 아이들은 눈을 가리고 엄마의 바구니에 볼풀 공을 던져 누가 많이 넣나 하는 게임이다. 이 실험에서 알아보고자 하는 것은 엄마들이 아이들에게 어떤 말을 하는지, 칭찬의 말을 하는지, 혼내는 말을 하는지 알아보는 실험이다. 결과는 볼풀 공을 많이 넣은 팀은 엄마가 아이에게 볼풀 공을 넣지 못해도

"그래! 잘했어, 들어갔어, 왼쪽으로 던져봐"라고 계속 칭찬을 하고 있었다. 하지만 볼풀 공을 많이 넣지 못한 팀은 엄마가 아이에게 볼풀 공을 넣지 못하면 "아니! 잘 좀 해 봐, 왼쪽으로 가라고~" 방송을 보면서 참 신기한 느낌이 들었다. 칭찬의 말 한마디 "그래~", 혼내는 말 한마디 "아니~"라는 말 한마디가 아이들을 움직일 수 있구나 하고 생각했다.

"칭찬은 고래도 춤을 추게 한다"는 말이 있다. 아이들에게 최고의 가르침은 꾸짖음이 아닌 칭찬이다. 실패 혹은 단점에 대한 꾸짖음보다는 성공 혹은 장점에 대한 칭찬을 해줌으로써 보다 아이들로 하여금 스스로 적극적으로 축구에 참여하게 만들 수 있다. 아주 작은 성공일지라도 그 성공에 대한 칭찬을 해줌으로써 유소년축구에 대한 흥미를 갖게 해주어야 한다.

지도자는 칭찬과 채찍의 사용방법을 알아야 한다. 칭찬과 채찍은 커가는 유소년들에게는 매우 중요하다. 좋은 점을 발견하여 칭찬하게 되면, 어린이들은 자신감을 얻어 더욱더 적극적인 플레이를 하게 된다. 보통 지도자들은 못하는 것을 지적해서 잘하도록 만들려고 한다. 생각해 보라. 자꾸 못한다고 하는데 누가 고치겠는가? 잘한 점을 찾아라. 잘한 사람을 찾아라. 이러한 칭찬을 통해 단점을 장점으로 이끌어 낼 수 있도록 하는 것이 중요하다. 질책으로 아이들을 지도한다면 아이들은 의기 상실로 자신의 기량을 발휘하지 못할 것이다. "뭐 하고 있어?"라는 호된 질책을 하는 지도자도 간혹 있는데, 유소년들은 실패를 거듭하며 배워가는 과정에 있기 때문에 가능하면 그런 말은 안 하는 것이 좋다. 마이너스 되는 점보다도 플러스 되는 점을 칭찬해서 유소년들의 장점을 늘려주어야 한다.

인성이 있는 지도자가 인성이 있는 선수를 만든다

어느 풋살 대회에서 일어난 일이다. 선수대회도 아니도 생활체육대회다. 1, 2, 3학년부 대회인데 A팀이 지고 있었다. A팀 감독은 3:0으로 졌지만 실력을 인정하고 상대방 팀을 칭찬해주고 본인 팀의 선수들에게는 격려와 함께 '지는 것도 배우는 것이다. 이기는 게 중요한가? 아니면 무엇이 중요한가?' 항상 경기 때마다 승패와 상관없이 경기철학을 강조했다. 그래서 그날도 예선전에서 탈락하고 배우기 위해 결승전 경기를 구경하면서 배우기 위해 참관했다. 결승전은 A팀과 경기를 했던 B팀이었다. 그런데 경기를 잘하고 있다가 상대편 감독이 심판에게 항의를 하기 시작했다. 선수들 주민번호를 확인하자고 하는 것이었다. 그때 어이없는 상황이 연출됐다. B팀 선수들은 모두가 부정선수, 전원이 4학년 아이들로 판정이 났다. 그러니까 B팀 감독이 승리하기 위해 아이들과 짜고 학년을 속이고 나온 것이다. 이게 있을 수 있는 일인가? 생활체육대회였다. B팀 아이들은 뭘 보고 배운단 말인가? 승리를 위해서라면 어떤 방법을 써도 된다는 것을 배울 게 아닌가? 진정한 승리는 이기는 게 아니라 졌을 때 진 것을 깨끗하게 인정하는 것이 진정한 승리이다.

지도자는 페어플레이를 할 줄 알아야 한다. 지도자는 유소년들에게 규칙을 정확히 이해시켜야 한다. 아이들이 반칙하는 것은 모르기 때문일 수도 있다. 지도자는 심판을 신뢰하고 존중해야 한다. 선수들에게만 페어플레이 하라고 하고 지도자는 심판에게 불만을 과도하게 표현하면 그것은 페어플레이 정신을 가르칠 수도 없고 배울 수도 없다. 인성 있는 유소년은 인성이 있는 지도자가 만든다.

공부하지 않고 가르칠 수 있다고 생각하는가?

"여러분이 가르치는 종목의 지도서를 몇 권 가지고 계세요?" 지도자나 대학생들을 수업하다가 자주 묻는 질문이다. 현장에 계신 지도자들도 옛날에 배웠던 대로 가르치고 있다. 다 알고 있다고 생각하기 때문에 맨날 똑같은 방식으로 가르치는 것이다. 지도자는 축구의 전술, 기술의 이해를 높이기 위해 공부해야 한다. 지도자는 교본을 정독하고 지도방법에 대해 지도자 간에 정보를 교환해야 한다. 친선게임이나 지도자 교류전을 통해 서로 지도방법에 대한 교환이 필요하다. 지도자는 축구클리닉, 축구세미나 등에 참가해야 한다. 다양한 축구경기를 관전하고 TV중계와 비디오 교재를 참고해야 한다. 가르치는 사람이라고 배우지 않는 것은 아니다. '배워서 남 주자!'란 말을 들어 보았는가? 내가 아는 것은 한계가 있다. 공부한 만큼 유소년들에게 줄 수 있다.

하나의 인격체로 생각하라

아이들과 훈련장소가 아닌 사석에서 이야기해 본 적 있는가? 없다면 반성해야 한다. 선수들과 대화를 통한 마음의 교류는 그들이 무엇을 원하고 어떤 것을 하려고 하는지 알 수 있는 중요한 매개체라 할 수 있다. 아이들을 선수로서가 아닌 한 사람의 인격으로 대해야 한다. 모든 아이들에게 가르칠 때 같은 환경, 같은 조건 등 평등하게 훈련한다는 것을 느끼게 해줘야 한다. 지도자는 자기감정을 통제할 줄 알아야 한다. 아이들이 잘못했다고 인격적으로 모욕을 주는 말을 한다든지, 지도자의 기분대로 하면 제대로 된 교육이 될 수 없다. 지도자는 어떤 상황이든 긍정적이고, 적극적인 언어를 사용해야 한다.

스포츠 활동과 참여는 인격형성에 중요하다는 것은 누구나 아는 상식이 되었다. 듣고 배우는 쪽보다 보고 배우는 쪽이 빠르며 특히 자기 주위의 중요인물의 언행으로부터 받는 영향은 예상 외로 크다. 지도자는 유소년의 장래인생의 모델이 될 수 있기 때문에 말이나 행동에 모범을 보여야 한다.

가끔 TV에 보면 감독이 선수들을 폭행했다는 안 좋은 소식이 방송에 나오기도 한다. 그때 당시는 시대적 이슈가 되어 선수 폭행이 잠잠해진다. 하지만 이런 사건들은 계속 나오고 있다. 왜 그럴까? 맞으면서 배웠기 때문에 본인도 지도자가 되면 자연스럽게 옛날 방법을 답습하게 되는 것이다. 지도자는 유소년들의 롤 모델이다. 유소년들을 하나의 인격체로 생각해 보라. 인격적인 대우를 받았던 아이들은 나중에 인격적인 지도자가 될 것이다.

유머 있고 웃는 지도자

유소년들은 웃는 지도자를 좋아할까? 화내는 지도자를 좋아할까? 물론 웃는 지도자를 좋아할 것이다. 화를 내서 잘못을 고친 것들의 효과가 있을까? 스스로 느껴서 배울 수 있으면 얼마나 좋을까?

지도자의 중요한 덕목 중 하나임에도 불구하고 자주 간과되는 것이 웃음과 유머이다. 시합이라든지 연습도중에 선수의 집중력을 높이기 위해 사용되어지는 가장 편하고 실속 있는 덕목 가운데 하나이다. 긴장을 하거나 힘들 때일수록 유머는 마음의 안정을 찾아주며, 팀의 활력을 불어 넣어주는 역할을 한다.

"세계적인 선수를 만드는 지도 비법이 있다"

만약 이러한 방법이 있다면 지도자들은 고생하지 않을 것이다. 어떤 것도 정확한 방법, 정답이 없기 때문에 최고의 지도자들조차도 매일 고민하고 있는 것이다. 특히 유소년들을 지도하는 경우 성격과 각자의 특성을 잘 알아 두는 것이 중요하다. 기술 습득에 시간이 걸리는 유소년이 있다. 그런데 빠르게 배우는 유소년도 있다. 기술 습득에 걸리는 시간이 짧다고 해서 무조건 뛰어난 것은 아니다. 대기만성이라는 말이 있듯이 시간이 걸려도 향후 크게 성장하는 유소년들도 많다. 중요한 것은 지도자가 포기하지 않고 여유를 갖고 지도하면서 기다려주는 것이다. 지도자의 표정 하나 하나가 플러스로 작용하기도 하고 마이너스로 작용하기도 한다. 유소년이 실수를 했을 때 유머로 넘어가 보자. 항상 웃으면서 즐거운 분위기를 만들어 주는 지도자가 좋은 지도자가 아닐까 생각해 본다.

왜 하는지 알려줘라

지도자들은 기본기를 강조한다. 모든 스포츠에서는 기본기가 가장 중요하다. 어린 시절 습득된 잘못된 습관을 교정하기란 너무나 어렵다. 안정되고 올바른 기본기는 후에 익히게 될 그 어떠한 고급 기술보다도 중요하다. 또한 기본기를 익히기 전에 고난이도의 고급 기술 조기 지도는 아이들로 하여금 지나친 실패의 경험을 갖게 만들어 오히려 축구에 대해, 또 넘어서는 모든 스포츠 활동에 대한 흥미를 반감시키는 부정적인 결과를 초래할 수 있다. 지도자는 유소년들이 내가 왜 이 훈련을 하는지, 무엇이 중요한지를 알려줘야 한다.

초등 고학년 축구를 지도할 때는 그 동작은 "왜?", 플레이를 "왜?" 해야 하는지 설명해주는 것을 게을리해서는 안 된다. 무조건 일방적으로 주입시키는 교육을 버리고 왜 그렇게 해야 하는지를 알게 해야 할 목적이 반드시 필요하다는 것이다. 이러한 교육을 통해 생각하는 플레이가 나오고, 창의적인 선수가 육성될 수 있다.

초등 고학년들은 논리적으로 설명해줘야 한다. 만약에 '헛다리 기술'을 가르친다고 해 보자. 설명할 때는 이 동작을 하면 무엇이 좋아지는지를 설명해 줄 수 있어야 한다. 쉽게 말해서 이 동작을 하면 어떤 이득이 있는지 알려줘야 한다. 논리적이지 않고 강압적으로 하면 유소년들은 아무리 좋은 기술이라고 해도 거부 반응을 보여 발전할 수 없다.

어떤 지도자는 왜 하는지는 알려주지도 않고 무조건 많이 훈련시켜 숙달시키려고 한다. 과도한 훈련은 역효과다. 여러분이 지도하고 있는 유소년들은 그 또래들 중에서 축구를 좋아하고 또 잘하기 때문에 축구를 하고 있을 것이라고 생각한다. 하지만 지나친 훈련은 오히려 흥미를 잃게 만들 뿐더러 부상을 만들 수 있다. 모든 사람은 아무리 좋아하는 것이라도 이유도 모르고 오래하게 되면 질릴 수밖에 없다. 특히 유소년들은 짧은 시간에 집중력을 갖고 훈련에 참여하게 만든다면 긴 시간 동안 이루어지는 훈련의 몇 배의 효과를 거둘 수 있을 것이라고 생각한다. 내가 이 훈련은 왜 하는지 이유를 설명하고 훈련시간을 짧게 하는 것이 효과가 크다.

좋은 지도자와 선수는 존중에서 나온다

좋은 지도자가 되고 싶은가? 아니면 나쁜 지도자가 되고 싶은가? 누구나 좋은 지도자가 되고 싶을 것이다. 옛날의 훈련방법은 너무나 비판적이고 맹목적인 노력만을 일삼아 왔었다. 스포츠의 지도방법에는 흥미를 중요시하는 지도자와 노력만을 강조하는 2가지 대립된 방법을 지금도 고민하는 지도자들이 많다. 너무 흥미 위주로 훈련하면 실력이 늘지 않는다고 지도자는 생각한다. 유소년들은 재미가 없고 흥미가 없으면 지속적으로 축구를 하지 않는다. 여러분은 어떻게 생각하는가? 유소년스포츠지도서 내용 중 정지혜의 좋은 지도자가 되기 위한 지침을 참고해라.

유소년지도자는 종목에 관한 기본적인 지식을 알아야 한다. 훈련을 잘 계획해야 한다. 전략과 전술을 잘 가르쳐야 한다. 선수들의 실수를 과정이라고 가르치고 발전의 계기로 삼아야 한다. 지도자는 좋은 매너를 가진 역할모델이 되어야 한다. 유소년들은 지금 배운 것을 나중에 지도자가 되어 그대로 가르치게 된다. 좋은 지도자는 안전을 제일 우선으로 한다. 좋은 지도자는 선수, 부모, 행정관 그리고 경기단체의 관련자들과 소통을 잘해야 한다. 부모들은 내 아이가 얼마나 잘하는지 궁금하다. 대화를 통해서 서로를 이해해야 한다.

지도자가 유소년들에게 존중을 받고 싶다면, 지도자가 유소년들을 먼저 존중해주어야 한다. 이 존중의 의미는 여러 가지가 있다. 지도자와 아이들 간의 존중, 축구에 대한 존중, 운동장에 대한 존중, 동료 아이들 간의 존중 등이 있다. 지도자가 먼저 아이들을 존중하고, 운동장을 존중하는 모습을 보인다면 아이들은 굳이 시키지 않아도 스스로를 존중하게 된다. 유소년들은 자신이 존중받고 있다고 생각하면 열심히 훈련한다. 하지만 본인이 누군가에게 무시당하고 있다면 기운이 나겠는가? 흥미도 중요하고 노력과 훈련도 중요하다. 하지만 지도자가 유소년을 존중하지 않으면 아무 소용없다. 모든 것은 유소년을 사랑하고 존중하는 마음에서 나온다. 유소년들에게 기운을 줄 수 있는 것은 훈련현장에선 지도자의 힘이 가장 크다. 존중받고 힘을 얻은 아이들은 지도자를 존중하게 될 것이다.

잘하는 것이 중요한가? 노력하는 것이 중요한가?

수업을 하다보면 유아들이나 나이가 어린 아이들은 기술 훈련이 어려우면 쉽게 포기하게 된다. 그리고 안 된다고 기운이 빠져 있다. 그럼 질문을 한다.

"잘하는 것이 중요해요? 뭐가 중요해요?"

대답이 바로 나오진 않지만 노력하고 연습하는 것이 중요하다고 이야기한다. 맞는 말이다. 처음부터 잘하는 사람은 없다고 가르쳐야 한다. 못하니까 축구교실에 와서 배우는 것이다. 포기하지 않고 꾸준히 하다 보면 실력이 향상된다.

유소년들에게는 무한한 가능성이 있다. 유소년들은 스펀지와 같은 흡입력으로 축구를 배운다. 어린 시절의 기술 습득에는 한계라는 것이 없다. 그만큼 무한한 잠재력과 가능성이 존재한다는 의미이다. 지도자 또는 부모들은 이런 말을 한 적 있을 것이다.

"이 기술은 너에게 무리다", "넌 절대로 할 수 없어"

이런 말을 했다면 반성해야 한다. 부정적인 발언은 결코 해서는 안 된다. 무심코 던진 말에 유소년들은 의욕을 잃게 된다. 어린이들에게는 "노력, 할 수 있다. 세상에 안 되는 것은 없다. 노력!, 노력!"이라고 하는 말을 항상 해 줄 필요가 있다. 그렇게 하면 자기가 정한 목표에 가까워지고 의식을 높아지며, 적극적인 사고방식을 몸으로 익히게 된다. 어린 시절에는 언제나 발전 가능성과 충분한 잠재력이 있기 때문에 기다려주는 것이 중요하다.

축구를 즐기는 지도자, 축구를 즐거워하는 유소년

축구교실에 다니는 아이들에게 물어본다. "축구가 재미있는 사람?" 질문하면 모든 아이들이 손을 들고 대답한다. 하지만 몇 개월이 지나 중간에 축구를 그만하는 경우가 생긴다. 왜 그럴까? 이유는 단 하나다. 축구가 재미없기 때문이다. 어떻게 하면 재미있는 축구를 만들 수 있을까?

대회에 나가는 것도 재미있는 축구를 만들기 위해서 좋은 방법이다. 아이들은 대부분이 대회나 친선게임을 좋아한다. 그리고 게임에서 이기면 더 즐거워한다. 하지만 팀을 이기는 것도 중요하지만 그것은 어디까지나 결과일 뿐이지 과정은 아니다. 모든 경기에서 반드시 이긴다는 것은 불가능하고 이기는 팀이 있으면 패자도 존재한다. 그렇기 때문에 승리가 전부라고 생각하지 않으며, 패자의 모든 것을 부정한다는 것은 있을 수도 없다고 생각한다. 지도자가 우선 생각해야 할 것은 선수들이 승리보다는 축구를 즐기고 좋아하게 만들어야 한다. 즉, '축구는 즐거우면 된다.', '이기려고 하지 말고 즐겨라.', '이길 수도 있고 질 수도 있다.'고 하는 의식을 선수들이 갖게 해야 한다. 이것이야말로 지도자로서의 마음가짐이다. 승리지상주의는 부정적인 결과가 더 크다. 즐기다 보면 승리는 따라온다. 패배하면 어떤가? '실패는 성공에 어머니'라고 하지 않았는가? 지도자가 이런 마음이 있어야 유소년들에게 즐기는 축구를 가르칠 수 있다.

유소년들은 즐기면서 숙달하게 된다. 즐기는 마음으로 유소년들을 싫증나지 않도록 하는 것이 요령이다. 11대 11의 게임에서도 공의 수를 늘리면 공을 만지는 횟수가 늘어 즐겁게 훈련을 할 수 있다. 또 같은 수준의 아이들로 그룹을 나누어 운동을 하면 경쟁심이 생겨 숙달 속도가 빨라진다. 단순한 훈련을 재미있게 하는 것이 지도자의 능력이다. 그렇게 하려면 항상 연구하는 자세가 중요하다.

선수들에게 싫은 것을 억지로 시킨다면 실력과 정열도 발전도 없다. 이러한 지도자 밑에서 배운 선수들은 결코 성장하지 못한다. 유소년들이 '축구는 즐겁다'고 말하려면 지도자 자신도 즐겁게 지도하지 않으면 안 된다. 지도자는 선수와 함께하고 축구의 비전을 위해 지도하는 것이 즐거워야 한다.

3장 축구 실기

기술원칙

체력보다 기술 습득이 우선이다

유소년들을 지도할 때는 체력과 기술 중에 어떤 훈련에 비중을 많이 두어야 하는가? 저학년 아이들이 게임을 하는 것을 보면 '우르르' 양떼들처럼 몰려다닌다. 그렇다고 해서 포지션을 알려주고 지적을 해도 아이들은 몰려다닌다. 하지만 어느 정도 나이를 먹으면 스스로 포지션을 잡고 다른 친구들의 자리도 알려줄 수 있다. 하지만 기술은 연습하지 않으면 배울 수가 없다. 어린 아이들의 게임을 할 때 몰려다니지 못하게 하는 것은 가르치기 어렵다. 어린아이일수록 개인기에 더 신경 써야 한다. 아이들은 볼에 집중하는 것을 좋아한다. 그래서 몰려다닌다. 볼을 1개씩 주고 개인기를 가르쳐줘라. 집중하기 때문에 빨리 배울 수 있다.

많은 지도자들은 유소년의 단계에서는 체력보다도 기술을 중시해야 한다고 말하고 있다. 유소년아이들은 체력이나 팀 전술이라고 하는 것보다도 여러 종류의 기술을 몸에 배게 하는 것이 필요하다. 체력적, 전술적인 부분은 후에 보충되지만 기술적인 부분은 유소년 시기에 습득하지 않으면 어렵게 된다. 성인이 되고 나서 기술을 연마하려고 하면 늦기 때문이다. 축구를 즐겁게 하는 것이 중요하다. 하지만 재미있게만 하는 것이 좋은 것은 아니다. 연습은 반드시 목적이 존재한다.

"이 기술을 몸으로 익히면 어떠한 플레이도 할 수 있게 된다"라고 가르치면 어린이들은 목적의식이 확실해서 연습에 몰두하게 된다.

움직임의 원칙

저학년들은 몰려다닐 수밖에 없기 때문에 고학년부터만 가르치면 된다. 볼을 가진 선수는 동시에 패스할 수 있는 두 군데 위치를 보아야 하고 볼을 가진 같은 팀 선수 쪽으로 삼각모양을 만들게 해야 한다. 자유로운 공간으로 움직이게 하고, 상대 선수의 압박 공간에서 벗어나게 한다. 아이들은 보통 볼을 가진 같은 팀 선수 쪽으로 달려가서 볼을 달라고 소리치는 경우가 대부분이다. 패스를 원할 때는 제자리에서 받지 말고 앞으로 이동하면서 패스를 받도록 한다. 대신 시선은 항상 볼을 보는 것이 좋다.

함께하는 원칙

축구를 조금 잘한다는 아이들을 보면 보통 혼자서 드리블을 해서 골까지 넣는 경우가 있다. 하지만 축구는 11명이 함께하는 스포츠다. 함께하는 선수에게 패스하는 것은 위험한 개인 드리블보다 낫다. 물론 저학년은 함께 볼을 향해 달려가지만 고학년들은 함께 서로 패스하도록 지도해야 한다. 불필요한 드리블은 좋지 않다. 드리블을 오래 하면 상대편 선수가 강한 압박을 하기 때문이다. 1:1 상황에서의 찬스 시에만 드리블을 하고 압박이나 위험한 상황이 되면 재빨리 패스하도록 해야 한다. 게임 훈련을 할 때 아이들이 몰려다니더라도 항상 자기 포지션을 지정해 줘서 공간에 대한 인식을 하도록 해야 한다. 상대 선수의 압박에서 벗어나기 위해서는 드리블을 페인팅 동작과 속도의 변화를 주면서 다양하게 하여야 한다.

공격의 원칙

볼을 갖고 있지 않을 때는 상대방의 마크를 벗어나 자유로운 상태가 되는 것이다. 볼을 가지고 있지 않은 선수는 항상 시선을 볼에 두고 받을 준비가 되어 있어야 한다. 볼을 받는 선수는 받기 전에 페인팅도 할 줄 알아야 한다.

볼을 받을 때와 갖고 있는 때는 상황을 살피는 것이 중요하다. 드리블할 때도 볼에만 시선을 주지 말고 머리를 들어 상황을 살펴야 한다. 한 선수가 드리블을 오래하면 뺏길 가망성이 높아지므로 빨리 패스한다. 패스하고 가만히 있지 말고 다시 가서 패스를 받도록 해야 한다.

수비의 원칙

볼이 멀리 있을 때는 볼의 행방을 놓쳐서는 안 된다. 수비의 숫자가 더 많도록 공격하던 선수도 빨리 수비 진형으로 내려오게 한다.

볼이 가까운 거리에 있을 때는 볼을 빼앗긴 순간 곧바로 수비를 해야 한다. 어떤 선수는 볼을 빼앗기고 그냥 지켜보는 경우가 있다. 수비 자체가 공격의 지연이므로 압박을 하는 것이 좋다.

수비는 마크를 잘해야 한다. 마크란 상대 선수에게 접근하여 상대방이 자유롭게 플레이를 못하도록 방해하는 행위이다. 마크의 위치는 상대방 앞에 있는 것이 아니라 뒤에 있어야 한다.

슈팅의 원칙

슈팅찬스는 자주 나오는 것이 아니기 때문에 기회만 되면 슈팅을 하도록 한다. 정면보다는 측면에서 슈팅하는 것이 득점 확률이 높다. 어느 정도 좋은 슈팅 위치에서는 한 번 더 패스하지 않도록 한다. 제일 강한 슈팅은 발등에 맞아야 성공한다. 골문 앞에서는 순간을 다투는 플레이기 때문에 자신에게 맞는 발로 킥할 여유가 없다. 따라서 어느 발이든 슛할 수 있도록 유소년부터 연습해 놓아야 한다.

기술연습 6단계로 가르쳐라

1.정지 연습 → 2.이동 연습 → 3.콘 앞에서 연습
4.지도자 앞에서 연습 → 5.선수끼리 연습 → 6.실전에서 연습

① 정지 연습 : 모든 기술은 공을 제자리에 정지 시켜 놓고 연습하는 것부터 시작한다.
② 이동 연습 : 콘이나 수비 없이 혼자서 공을 드리블하면서 기술을 연습한다.
③ 콘 앞에서 연습 : 콘을 수비라고 생각하고 콘을 기술로 속이고 드리블한다.
④ 지도자 앞에서 연습 : 이제는 사람들을 속이고 드리블해야 한다. 지도자가 압박의 정도를 조절하면서 연습할 수 있다.
⑤ 선수끼리 연습 : 저학년은 집중을 하기 어렵다. 고학년들만 시키는 것이 좋다.
⑥ 실전에서 연습 : 이제는 1:1 상황에서 실전처럼 게임을 하면서 연습한다.

수업 할 때는 계획안을 참고해서 수업을 해야 한다. 많이 가르치려고 하지 말고 한 가지만 가르친다고 생각해야 한다. 이것저것 가르치다가는 아무것도 못 가르칠 수 있다. 초반에는 반복되는 기술, 기초적인 기술 연습을 반복하고, 매일 새로운 기술을 기술 연습 6단계에 맞춰 가르치는 것을 권장한다. 저학년들은 정지 연습부터 시작하고, 고학년들은 선수끼리 연습하는 것을 중점으로 지도한다. 아이들은 반복을 싫어한다. 물론 선수가 되겠다는 아이들은 동기부여가 되어 있어 지루한 반복 훈련을 잘할 수 있지만 취미로 하는 아이들은 매일 똑같이 반복하는 수업을 거부할 수 있다. 매일 반복해서 수업한다는 것은 2살짜리 아이에게 '우루루 까꿍~ 우루루 까꿍~' 반복놀이 하는 것과 마찬가지다.

킥(Kick)

축구경기에 있어서 킥은 공을 차는 기술로 이는 패스하거나 슈팅을 할 때 사용된다. 유소년 축구에 있어서 중요하게 다루어야 할 기술 부분 중 하나인 킥 기술은 3가지 요소를 포함하고 있어야 하는데 이는 1) 킥하고자 하는 거리 2) 정확한 장소 그리고 3) 공의 속도이다. 축구에 있어서 킥 기술은 다양한 동작이 요구되는데 이를 원활하게 수행하는 데에는 4가지 요인이 정확하게 이루어져야 한다. 1) 공에 접근 2) 임팩트 전 동작 3) 임팩트 동작 4) 팔로우드로우 5) 디딤발 6) 차는 발 7) 시선 및 균형

공에 접근

직선 접근, 곡선 접근이 있다. 공통점은 마지막 스텝인 디딤발을 내딛기 위한 도약이라는 점이다. 무엇보다 공을 차기 위해서 디딤발을 내딛기 위한 동작을 취하는 것은 다리의 백스윙을 도와주거나 킥을 할 수 있는 시간을 제공한다. 접근하여 킥하기 전의 동작은 무릎을 구부리고 고관절은 펴야 한다. 그 이유는 이러한 동작은 공의 속도를 결정하는 가장 중요한 자세이기 때문이다. 이후 킥하는 다리의 고관절은 다리가 전방으로 펴지기 전에 최대로 펴진 상태가 되어야 한다.

임팩트 전 동작

이 동작은 접근동작 이후에 취해지는 동작으로 접근 시 동작 끝 부분과 디딤발을 딛는 순간부터 공을 임팩트하기 직전까지의 동작을 의미한다. 지지하는 발은 받침목의 역할을 하며 디딤발 고관절의 전방으로의 움직임을 막으면서 다른 고관절의 전방 회전을 시작하게 하며 차는 다리의 대퇴가 스윙하도록 한다.

임팩트 동작

공의 정확성, 속도, 방향 등을 선수가 의도하는 킥은 임팩트 시 발의 부위에 따라 달라질 수 있다. 유소년의 킥을 지도할 때에는 먼저 발의 구조와 명칭 그리고 부위에 다른 킥의 특성을 가르치는 것이 매우 중요하다. 임팩트 시 디딤발의 위치, 몸통 기울이기, 임팩트 지점 등을 자세히 지도하는 것이 중요하다.

팔로우 드로우

임팩트 종료 직후 발생하는 신체의 동작이다. 팔로우 드로우는 킥을 한 후 공을 끝까지 주시하고 찬 발은 쭉 뻗어주는 동작을 취한다.

디딤발

디딤발의 위치가 킥의 정확도에 영향을 준다. 공과 적당한 간격을 두고 발을 고정시킨다. 디딤발이 너무 멀어지면 차는 발이 닿지 않게 되어 정확한 킥을 할 수 없다. 킥은 차는 발의 사용방법도 중요하지만, 거기에는 디딤발을 올바르게 사용해야 한다는 전제 조건이 있다. 기본은 공 바로 옆을 밟는다는 것을 확실하게 상기시켜야 한다. 저학년들에게는 다른 말로 "옆에 발"이라고도 가르칠 수 있다. 무릎은 유연하게 구부려준다.

차는 발

중요한 점은 2가지다. 하나는 발목을 확실하게 고정시키는 것, 또 하나는 무릎에서 밑으로 휘두르며 공을 차는 의식을 갖는 것이다. 발목이 흔들리면 공을 차는 면이 불안정하게 되며, 정확한 킥이 어렵게 된다. 모든 킥은 발목을 확실하게 고정시켜 준다. 항상 발목의 각도와 면을 의식하고 공을 찬 후에도 발목을 고정시켜 각도를 유지한다.

시선 및 균형

임팩트하는 순간에는 반드시 공을 본다. 하지만 공을 보지 않는 기본이 되지 않은 선수가 의외로 많다. 슛하는 장면에서는 의식적으로 시야가 골대를 향하기 때문에 공에서 시선이 벗어난다. 임팩트의 순간에는 공을 보는 습관을 어려서부터 들여야 한다. 또 공을 찰 때는 한 발로 차야 하기 때문에 균형이 중요하다. 균형 감각이 있는 아이들은 운동신경이 있는 아이들이다. 균형을 잘 잡기 위해서는 손을 아래로 하는 것보다 크고 넓게 벌리는 것이 몸의 균형을 잡는 데 유용하다고 알려준다.

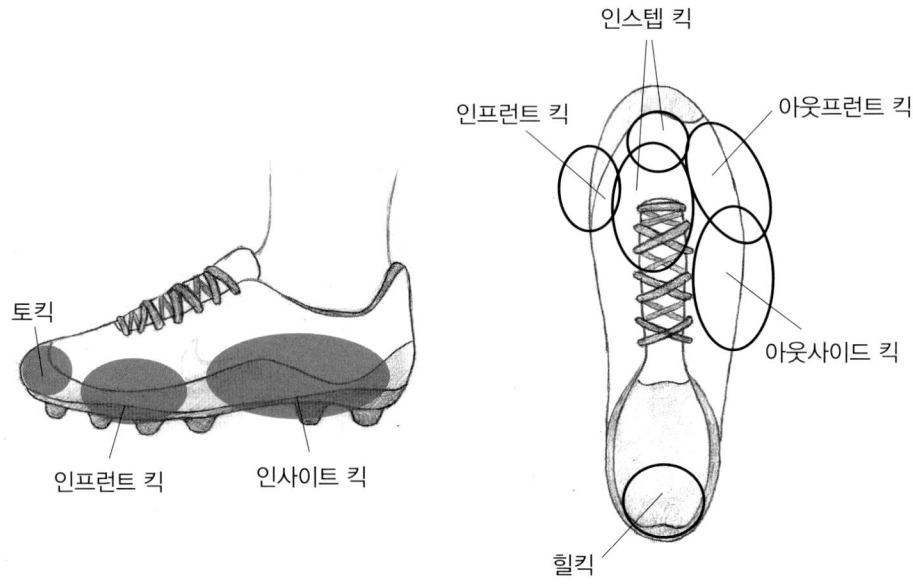

인프런트 킥	아웃프런트 킥	인스텝 킥
공		
칩 킥	발 모양	힐 킥

1) 인사이드 킥(Inside Kick)

발의 안쪽을 이용하여 킥을 시도하는 방법으로 공의 접촉부위가 넓기 때문에 가장 정확한 킥이 이루어진다. 이 기술은 짧은 거리에서 정확한 슈팅을 시도하기 위해서 또는 자기 팀 선수에게 정확하게 패스할 때에 이 기술이 사용된다.

방법

① 짚는 발을 볼 옆으로 놓는다. 이때 짚는 발의 끝을 볼의 가장 앞부분과 일치되게 맞춘다.
② 발목을 고정시킨다.
③ 차는 발의 허리를 밖으로 돌린다. 무릎을 약간 구부린다.
④ 짚는 발의 끝이 원하는 방향으로 향하게 한다.
⑤ 차는 다리를 뒤로 젖히며 반원을 그리듯이 볼에 가볍게 갖다 댄다.
⑥ 발 안쪽(발바닥의 움푹 들어간 곳)과 발꿈치(복숭아뼈) 사이에 정확히 맞힌다.
⑦ 상체는 가볍게 앞으로 숙인다.

용도

① 드리블이나 패스할 때 혹은 프리킥, 페널티킥에서 많이 사용

② 짧은 거리에서 정확히 패스를 실시할 때

주의사항

① 짚는 발을 볼과 너무 멀게 하지 않는다.

② 차는 다리를 패스와 동시에 길게 앞으로 뻗는다.

③ 볼의 중앙을 맞힌다.

④ 차는 다리를 밖으로 충분히 돌리지 않는다.

⑤ 발목과 무릎을 볼을 차는 순간 고정시킨다.

⑥ 디딤발은 공 바로 옆을 확실하게 밟게 한다.

⑦ 발의 안쪽 면을 끝까지 목표한 방향으로 유지한다.

⑧ 무게중심이 뒤로 몰리면 정확도가 떨어지므로 중심을 가운데로 한다.

⑨ 상체는 항상 낮은 자세이고 팔은 상체 쪽으로 들고 있다.

⑩ 발 안쪽 면으로 차라고 가르치고, '복숭아뼈 아래'라고 유소년들에게는 말해주면 이해가 빠르다.

복사뼈 부위로 킥하라고 지도한다.

2) 아웃사이드 킥(Outside Kick)

자신보다 오른쪽에 주로 멀리 위치하고 있는 동료 선수에게 패스할 때 사용하는 킥으로 발의 바깥쪽을 이용하여 공을 옆으로 비껴 차는 기술이다.

방법
① 짚는 발을 볼의 뒤쪽 옆에 놓는다.
② 짚는 발은 정면을 향한다.
③ 차는 발을 안쪽으로 돌린다.
④ 팔을 양쪽으로 벌려 중심을 잡는다.
⑤ 차는 발을 고정한다.
⑥ 발등의 바깥 부분으로 공의 중앙 안쪽 부분을 맞춘다.

용도
① 짧은 거리의 패스

주의사항
① 체중을 앞으로 싣는다.
② 안에서 밖으로 차는 동작을 취한다.
③ 차는 다리를 끝까지 뻗는다.
④ 디딤발은 다른 킥보다 더 멀리 밟는다.
⑤ 무릎 아래를 부드럽게 이용하며 차는 다리는 크게 치켜 올리지 말고 짧게 찬다고 생각하고 찬다.
⑥ 다이렉트 슛이나 패스, 스피드의 드리블에서 패스할 때 사용되고 아웃사이드는 실전에서 성공되면 위력이 큰 기술이다.

3) 인프런트 킥(Infront Kick)

방법

① 차는 발의 각도를 45도 각도로 유지한다.

② 짚는 발은 볼에서부터 약 한 발 넓이로 떨어지게 세운다.

③ 볼을 비스듬히 활 모양같이(아치형) 날아가게 찬다.

④ 짚는 발을 볼 뒤 가까운 쪽 혹은 옆으로 놓는다.

⑤ 짚는 발의 무릎을 약간 구부린다.

⑥ 상체는 가볍게 옆으로 기울인다.

⑦ 차는 다리는 킥한 후 앞으로 뻗는다.

용도

① 슛, 센터링, 롱 패스

주의사항

① 상체를 너무 뒤로 젖히지 않는다.

② 짚는 발을 볼에 너무 가까이 놓거나 너무 멀리 놓지 않는다.

③ 발목을 고정시켜 무릎을 휘둘러서 찬다고 하는 부분은 인스텝킥과 동일하지만 인프런트 킥은 발등의 안쪽을 사용하여 공의 회전을 걸게 한다.

④ 비스듬하게 진입 각도를 잡는 것이 중요하다.

⑤ 양손으로 몸의 균형을 유지한다.

4) 아웃프런트 킥(Outfront Kick)

방법

① 가볍게 휘어지게 찬다.

② 짚는 발은 볼과 한 발 넓이로 놓는다.

③ 다리는 뻗고 발목을 고정시켜 발을 안으로 돌리며 찬다.

용도

의외성 있는 패스, 슛, 센터링, 상대수비를 벗어난 프리킥

주의사항

① 차는 다리에 무게를 놓는다.
② 볼을 비스듬히 차지 말고 완전히 맞힌다.
③ 차는 발을 안쪽으로 너무 작지 않게 돌린다.
④ 상체를 뒤로 젖히지 않는다.
⑤ 인프런트 킥은 비스듬하게 진입해야 회전걸기가 쉽지만, 아웃프런트 킥은 공의 직선 방향에 회전을 걸기 쉽다.
⑥ 공을 찬 후 바로 발목을 고정시킨다.

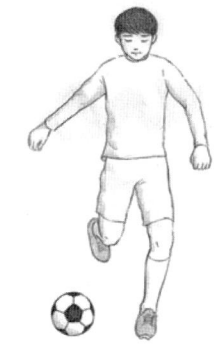
공에 직선 방향으로 접근한다.

아웃프런트 킥

5) 인스텝 킥(Instep Kick)

슈팅을 시도할 때 주로 사용되는 킥으로 공의 위력이 가장 강하다. 롱 패스나 슈팅 시 사용된다. 완벽하게 습득하지 않으면 후에 교정하기가 힘드므로 유소년축구 지도 시 정확한 기술지도가 반드시 이루어져야 한다. 특히 디딤발의 위치 선정이 이 킥에서 매우 중요하므로 지도자는 선수에게 공을 킥할 때 자세를 취하게 한 뒤 직접 공의 위치를 교정시키는 세심한 지도가 필요하다.

방법

① 볼을 곧바로 혹은 비스듬히 날아가게 찬다.

② 발을 앞으로 뻗고 발목을 고정시킨다.

③ 발끝은 곧바로 바닥에서 수직으로 보이게 진행한다.

④ 차는 발을 뒤로 힘차게 흔들어 볼에 닿는 순간 강하게 힘을 주어 찬다.

⑤ 볼을 찬 후 앞으로 약간 나아가며 다리를 뻗는다.

용도

슛, 센터링, 롱 패스

주의사항

① 발목을 고정시킨다.

② 슛하는 다리의 발꿈치가 위를 향하게 한다.

③ 볼을 발등 중앙에 맞힌다.

발목을 고정시킨다.

6) 발리 킥(Volley Kick)

방법

① 짚는 발의 끝은 차는 방향으로 향하게 한다.

② 차는 발은 반원을 그리며 수평으로 허리관절을 힘차게 돌리며 정확히 볼 중앙을 맞힌다.
③ 상체를 충분히 옆으로 떨어지게 기울인다.
④ 볼을 맞히기 전 허리와 무릎을 약간 구부리며 볼을 차는 것과 동시에 힘차게 다리와 허리를 뻗으며 강하게 볼을 맞힌다.

용도
슛

주의사항
① 짚는 발의 발끝을 목표지점으로 향하게 한다.
② 볼을 발등 중앙에 맞힌다.
③ 상체를 충분히 옆으로 기울인다.
④ 차는 발의 높이를 잘 조절한다.
⑤ 발목을 고정시킨다.
⑥ 공에서 시선을 떼지 않는다.
⑦ 발목을 고정 시킨다.
⑧ 중심이 뒤로 가면 공이 뜨는 경우가 생긴다.
⑨ 몸의 균형을 잡는 것이 중요하다. 그러기 위해서는 양 팔을 벌리는 것이 중요하다.

7) 토우 킥(toe kick)

축구를 배우는 초보자들이 하는 킥이다. 발끝으로 찬다. 하지만 골대 앞이나 상대방을 위급하게 볼을 차지하려고 할 때 발을 쭉 뻗어 먼저 차기 위해서 실시한다.

특히 수중전의 경우 물이 고인 지점에서 혼전을 벌일 때 많이 사용하게 된다. 문전에서 혼전 중에 공을 빨리 처리하기 위해서 수비나 공격이나 다함께 시도해 볼 만한 킥이며 반면에 정확성이 떨어지는 단점이 있다.

용도

갑작스런 상황에서의 슛

주의사항

① 위급한 상황에서 실시한다.

② 무릎을 용수철처럼 뒤로 당긴 것과 동시에 뻗는다.

③ 발의 발가락 끝으로 찌르듯이 재빠르게 킥하고 찬 발은 다시 당기는 듯한 느낌이다.

위급한 상황에서 사용한다.

8) 힐 킥(Heel Kick)

발뒤꿈치로 하는 킥이다. 경기 중에 킥이 성공되면 센스 있는 선수로 인정받을 수 있다. 이 킥을 전개하기 앞서 상대방 선수에게 패스의 의도를 숨기기 위해 전방으로 패스하는 것처럼 속이는 동작이 이루어져야 한다. 발뒤꿈치로 볼을 차는 것.

용도

패스나 슛

주의사항

① 자기편과 호흡을 맞추어 후방으로 정확한 패스를 해서 상대 선수를 당황하게 만든다.

② 디딤발을 최대한 공 옆에 놓고 차는 다리를 똑바로 올려서 똑바로 내린다.
③ 공을 보지 않고 차면 완벽하다.
④ 크게 휘두르지 말고 짧고 빠르게 찬다.
⑤ 다리를 크로스 시킨 힐 킥도 숙달시킬 수 있다.

힐 패스가 성공되면 상대편을 교란시킬 수 있다.

9) 칩 킥(Chip Kick)

볼의 아래 부분을 깎아 차서 상대편의 머리 위를 넘겨 자기편으로 보내는 킥. 발끝으로 공을 들어 올린다. 성장단계의 어린이들이 이 킥을 무리하게 연습하면 무릎통증의 위험이 있기 때문에 주의한다. 발을 부드럽게 휘두르면 공에 역회전을 걸 수 있다. 이 기술은 조금 고도의 기술이다. 공을 찰 때 체중이 뒤로 너무 쏠리지 않도록 지도한다.

용도
수비를 넘기는 패스, 골키퍼를 넘기는 슛

주의사항
① 디딤발은 공 바로 옆에 놓고, 차는 발의 무릎은 구부린다.
② 차는 발의 발끝은 공 밑으로 넣는다.
③ 들어 올린다는 생각으로 찬다.

④ 체중이 뒤로 쏠리지 않도록 주의한다.
⑤ 무릎의 유연성을 요구한다.

10) 리프팅(Lifting)

시합에 그리 많이 사용되지 않지만, 무시해서는 안 된다. 예전에는 지면에 있는 공을 차는 것이 중요했지만 현재는 떠있는 공을 어떻게 처리할 것인가가 중요시되고 있다. 지도할 때는 우선 공의 감각을 익히고, 즐겁게 하는 것과 발의 면을 잘 사용해서 공의 중심을 확실하게 잡는 것이 중요하다. 처음엔 혼자 연습하고 나중엔 지도자가 던져주고 차게 한다. 처음엔 던져줄때는 가까이에서 하는 것이 좋다. 중심을 잡을 때는 양팔을 벌려준다. 무릎은 자연스럽게 구부리면서 유연성 있게 한다. 연습의 제 1조건은 싫증나지 않고 도전할 수 있도록 하는 것이다.

용도
공중 볼 처리 훈련

주의점
① 공에 줄을 묶어서 연습한다.
② 숙달이 되면 테니스공을 이용해서 연습한다.
③ 앞으로 가면서 연속으로 연습한다.
④ 처음에는 한 발만으로, 숙달되면 번갈아가면서 실시한다.
⑤ 지그재그로 걸어가면서 연습한다.
⑥ 리프팅이 어느 정도 되면 발등에서 멈추는 연습도 한다.
⑦ 처음엔 손으로 공을 들고 하고 숙달되면 공을 발로 올려서 리프팅을 실시한다.

발등 리프팅　　　　　허벅지 리프팅　　　　　머리 리프팅

트래핑(Trapping)

축구경기는 발로 공을 다루게 되어 있으면서 발을 사용하지 않고도 손을 제외한 신체의 각 부분을 이용하여 공을 처리할 수 있도록 허용되고 있는 기술이 있다. 경기가 진행되는 동안 여러 가지 상황에서 날아오는 공을 적절한 방법을 택하여 자신의 것으로 만들기 위해서 신체의 각 부분을 사용하면서 공을 소유하는 기술을 말한다.

경기 중에 트래핑을 잘하는 것은 다음동작으로 매끄럽게 이어갈 수 있는 사전 동작이므로 아주 중요한 기술 중의 하나이다. 트래핑을 어떠한 방법으로 해놓든 방법의 차이보다는 어떻게 감각적으로 날아오는 공을 내 것으로 만들어 놓을 수 있는지 하는 것이 중요하다고 본다. 트래핑하는 과정에서 공을 대하는 것을 유리그릇 대하듯 신중하게 대하여야 한다고 했다. 그만큼 오는 공에 대하여 신경을 쓰고 감각적으로 대하라는 뜻이다.

포인트
① 공을 받기 전에 전후좌우를 돌아봐 주변 상황을 먼저 파악하라. 그래야 적절한 트래핑 방법을 선택하고 신속하게 다음 동작에 들어갈 수 있다.
② 움직이면서 트래핑 하도록 노력하라.

1) 아웃사이드 트래핑

발꿈치와 새끼발까락 부분 사이의 발 바깥쪽을 사용하는 트래핑으로 발목을 고정시킨 후 트래핑 하는 발을 중심축이 되는 발보다 조금 앞쪽으로 디뎌 볼이 닿는 순간 발을 약간 당겨 쿠션의 역할을 하게 한다. 측면에서 굴러오는 볼을 몸의 방향을 바꾸지 않고 재빠르게 컨트롤하고 싶을 때 사용한다.

굴러오는 볼
① 볼이 가까이 다가오면 한 발을 몸에 비스듬한 전방으로 내놓는다.
② 임팩트 순간, 저지하려는 발을 몸의 앞까지 당긴다.
③ 볼이 전방으로 굴러가는 것과 동시에 저지하려는 발을 한 발짝 내딛는다.

바운드해 오는 볼
① 볼이 튀는 위치까지 움직여 몸을 옆으로 틀어 준비한다.
② 볼이 튀어 오르는 순간에 임팩트 한 후, 저지하려는 발을 부드럽게 튀어 올랐던 볼 방향으로 누른다.

공중에서 날아오는 볼
① 볼을 등으로 받는 것과 같은 느낌으로 몸을 옆으로 튼다.
② 임팩트 순간에 몸 안쪽으로 떨어트린 후 저지하던 발을 내려놓고 그대로 한 스텝을 내딛는다.

이동 중에 하는 것이 좋다.

2) 인사이드 트래핑

발의 엄지발가락 부분과 발뒤꿈치 사이의 땅에 닿지 않는 부분을 사용한 트래핑이다. 트래핑하는 발의 뒤꿈치를 아래로 향하고 발 안쪽을 볼로 향한다. 발목을 잘 고정시킨다. 빠른 볼에 대처하기 위해 중심이 되는 발은 굴러오는 볼의 방향으로 향한다. 트래핑하는 다리의 무릎은 힘을 빼고 볼스피드를 무릎의 쿠션으로 흡수하는 느낌으로 트래핑한다.

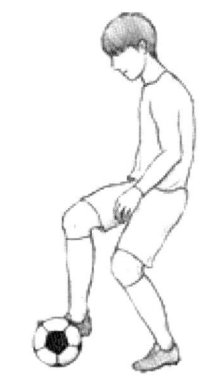

공이 올라오자마자 트래핑한다.

굴러오는 볼

① 발끝을 바깥쪽으로 틀고, 볼에 발이 직각이 되도록 한다.
② 발에 힘을 빼고 받는 순간 그대로 유지한다.
③ 볼이 발에 닿는 순간에 발을 뒤로 빼준다.

바운드해 오는 볼

① 바운드한 순간 발 안쪽을 볼에 대고 발을 약간 위로 당긴다.
② 임팩트 후 전방에 구르는 볼을 쫓아가는 듯한 느낌으로 발을 앞으로 뻗는다.

공중으로 오는 볼

① 발 안쪽을 볼에 직각이 되도록 하면서 발바닥의 중심 부분에 임팩트한다.
② 임팩트 순간 받는 발을 후방으로 빼면서 충격을 흡수한다.

3) 발등 트래핑

비스듬히 위쪽에서 떨어지는 스피드 있는 볼을 발등을 사용해 트래핑하려면 떨어지는 볼을 발끝을 젖혀 받아 그대로 발을 내려 쿠션 역할을 하게 한다. 이때 성급히 발등을 내밀어 볼이 멀리 튕겨나가지 않도록 주의한다. 높은 볼일수록 발을 올려 받는다.

공중으로 날아오는 볼
① 받는 발의 발목을 충분히 쭉 펴준다.
② 임팩트 순간 받는 발을 후방으로 뺀다.

4) 발바닥 트래핑

포물선을 그리며 떨어지는 볼이나 떠있는 볼이 짧게 튀어 오르는 순간을 포착해 발바닥으로 트래핑한다. 발바닥은 트래핑뿐만이 아니라 드리블과 볼을 지킬 때도 사용한다. 따라서 발바닥을 이용한 기술을 보면 그 사람의 볼 친숙도를 알 수 있다.

공잡는 타이밍이 중요하다.

굴러오는 볼
① 한쪽 발의 발끝을 올려 바닥과 삼각형이 되게 한다.
② 바운드한 순간에 발바닥으로 밀어 멈춘다.

바운드해서 오는 볼

① 바운드에 오는 볼의 높이에 디딤발을 조절한다.

② 임팩트 순간 디딤발을 약간 위쪽으로 튼다.

5) 허벅지 트래핑

실전에서 떠있는 볼을 상대와 서로 빼앗으려 할 때 자주 사용된다. 볼을 넓적다리 어느 부분으로 받느냐에 따라 볼의 방향이 바뀌므로 속임수를 쓰기 쉽다. 양손으로 몸의 균형을 잡고, 무릎을 가볍게 들어 구부린다. 이때 발끝은 아래를 향한다. 볼을 받는 순간 볼 빠르기에 맞추어 다리를 내린다. 넓적다리에 볼을 올려놓는 듯한 느낌으로 받는다.

트래핑 후 공이 멀리 가면 안 된다.

공중으로 오는 볼

① 무릎을 가볍게 구부리고 양팔을 자연스럽게 옆으로 벌려 균형을 맞춘다.

② 날라 오는 볼과 허벅지가 직각이 되도록 하고 바로 밑으로 볼을 떨어뜨릴 수 있게 한다.

③ 볼이 허벅지에 닿는 순간에 밑으로 내려 볼의 스피드를 흡수하듯 받는다.

④ 임팩트 후 볼이 떨어지면 재빠르게 볼을 자기 볼로 만든다.

6) 가슴 트래핑

양다리는 무릎을 부드럽게 하여 어깨 넓이로 벌리고 선다. 양손을 벌려 균형을 잡고 정지시키며 볼을 가슴으로 빨아 듯이 볼의 스피드에 맞추어 가슴을 뒤로 당긴다. 이때 턱을 당기는 것이 요령이다. 방향전환 효과가 있으며, 어깨로만 돌리기보다는 허리부터 상체 전체를 비틀면서 전환해야 한다.

허리의 반동을 이용한다.

공중으로 오는 볼

① 어깨를 당겨 가슴을 모으고 무릎을 가볍게 굽혀 볼을 기다린다.
② 볼이 가슴에 닿는 순간에 체중을 뒤쪽으로 하면서 가슴을 당긴다.
③ 임팩트 후에는 재빠르게 자세를 낮추어 앞에 있는 볼을 자기 볼로 만든다.

바운드해서 오는 볼

① 공중으로 오는 볼 받을 때와 같은 자세로 준비한다.
② 볼이 맞는 순간에 상체를 앞으로 숙이면서 받아 자기 볼로 만든다.

드리블(Dribble)

　드리블은 축구에서 필요로 하는 기술 중 개인이 단독적으로 개인전술로 구사할 수 있는 중요한 기술이다. 개인전술에서는 물론 팀 전술 응용에도 드리블이 중요한 부분을 차지하고 있다. 드리블에는 상대방을 제치고 돌파하여 들어가기 위한 드리블과 상대방의 선수에게 공을 빼앗기지 않기 위한 드리블로 구분할 수 있다. 우선 5m, 10m, 20m로 똑바로 드리블 연습을 하자. 전속력으로 드리블할 수 있게 해야 한다.

　실전에서는 전방에 상대 선수가 없으면 볼을 강하게 차고 다시 전속력으로 따라가면 좋다. 그러나 전방에 상대가 한두 명이 있을 때는 너무 멀리 차면 안 된다. 상대에게 볼을 넘겨주는 결과를 초래하게 된다. 볼을 빼앗기지 않는 드리블은 항상 자신의 발밑에 볼이 있는 것처럼 좌우 다리로 볼을 컨트롤하는 것이다. 어깨도 머리도 볼 앞으로 오는 듯한 자세로 드리블할 수 있다면 상대에게 간단히 볼을 빼앗기는 일은 없다. 드리블은 대부분 볼 터치를 발끝의 안쪽과 바깥쪽으로 한다.

드리블 기술의 종류와 방법

드리블링의 종류는 그 방법에 따라 여러 가지로 분류할 수 있으나 첫 번째, 일반적으로 드리블링의 이동 형태와 속도별로 곡선(wind) 드리블링, 직선(straight) 드리블링과 최대 스피드로 드리블하는 대쉬(dash) 드리블링으로 나눌 수 있다.

두 번째, 볼과 접촉되는 신체 부위에 따라 인사이드, 아웃사이드, 인스텝 드리블링으로 나누기도 한다.

세 번째, 드리블 중 상대를 속이는 페인트에 따라 크루이프 턴(Cruijff Turn), 리베리 턴(턴 스핀, Turn Spin), 아카노바(Arcanova), 사포(레인보우 플릭, Lainbow Flick), 팬텀 드리블(Phantom Dribble), 플립플랩(Flip Flap), 헛다리 짚기, 마르세유 턴, 터널 드리블, 라보나 킥(Rabona Kick), 백 숏(Back Shot) 등으로 나눈다.

> **1) 드리블링의 이동 형태와 속도별로 곡선(wind)드리블링, 직선(straight) 드리블링과 최대스피드로 드리블하는 대쉬(dash) 드리블링으로 나눌 수 있다.**

다음의 훈련 방법은 드리블링의 감각과 기술을 익히는 데 사용될 수 있는 방법이다.

(1) 앞사람 따라~드리블하기

선수 개인이 볼을 1개씩 갖고 7~8명이 한 조가 되어 맨 앞 선두에서 드리블하는 선수 또는 지도자가 드리블하는 방법과 형태에 따라 드리블을 실시한다. 드리블 시 볼이 몸 중심에서 멀어지지 않도록 하고 스피드 변화와 방향전환에 신속히 대응하는 감각을 익히도록 한다. 앞사람이 빨리 가면 속도를 내서 간격이 벌어지지 않도록 하고, 천천히 가면 속도를 줄여 앞사람과 부딪치지 않도록 한다. 그러면 자연스럽게 드리블 감각을 익힐 수 있다.

(2) 센터 서클(center circle)을 이용한 드리블

센터 서클 내에서 5~7명이 드리블을 하고 2명의 수비수가 볼을 빼앗는 형태의 훈련을 실시한다. 수비자에게 볼을 빼앗거나 서클 밖으로 차 내면 그 공격자는 드리블을 중단하고 최후까지 오래 남아 있도록 서로 경쟁을 유도한다. 드리블하는 공격자는 주위를 살피고 수비선수가 다가오면 등지거나 피하지 말고 돌파하는 노력을 기울이도록 지도해야 한다. 빼앗긴 선수는 다시 술래가 되어 공을 빼앗으면 된다.

(3) 안전선 따라 방향 바꾸기

10m 정도 거리에 2개의 콘을 세우고 선(line)으로 연결한다. 그 선을 중심으로 두 선수가 마주보고 서서 공격자가 볼을 가지고 페인팅하며 양쪽에 세워 둔 콘으로 움직임을 시도한다. 공격자는 수비보다 먼저 한쪽 콘에 도달하면 득점(1점)을 얻게 되고 수비수는 안전선을 넘어 볼을 빼앗을 수 없고 공격자의 움직임에 따라 재빨리 반응해야 한다. 일정한 시간(5분 정도) 동안 공격 기회를 주고 공격과 수비를 교대하도록 한다. 공격자에게 한 가지 기술을 지정해 줘서 개인기를 집중 훈련할 수도 있다.

(4) 드리블 돌파 및 슈팅

페널티 에어리어 라인 중앙에 10m x 10m의 정사각형을 3개를 만들고 3명의 수비수를 둔다. 공격자는 수비수를 차례로 드리블로 돌파하여 3명의 수비수를 모두 젖히면 슈팅까지 연결하도록 한다. 수비수는 자기에게 할당된 구역(정사각형) 내에서만 수비를 하도록 하고 수비 정도는 지도자 또는 코치의 명령에 의해 30%, 50%, 80%, 100% 등으로 나누어 기초단계에서는 수비정도를 낮추어 공격수에게 드리블 기회를 많이 제공하고 단계가 높아질수록 수비정도를 높여 훈련을 실시하도록 한다.

2) 볼과 접촉되는 신체 부위에 따라서 인사이드(inside), 아웃사이드(outside), 인스텝(instep) 드리블로 분류한다.

(1) 인사이드 드리블

인사이드 드리블은 양쪽 발의 안쪽을 사용하여 볼을 다루기 때문에 습득하기 가장 쉬운 드리블 기술이다. 디딤발은 달리는 형태에 따라서 자연스럽게 지면에 놓는다. 발 안쪽의 넓은 부위를 통해서 볼을 접촉한다. 인사이드 드리블은 볼과의 접촉 부위가 넓기 때문에 볼의 조절이 상대적으로 용이하다. 발목은 인사이드 킥과 마찬가지로 발목을 펴지 않고 견고하게 고정시킨다.

볼과 접촉할 때 몸통은 전방으로 조금 기울이고, 팔은 달리는 형태에 따라서 자연스럽게 스윙을 한다. 그리고 디딤발은 볼의 뒷면과 측면에 자연스럽게 놓는다. 팔로우 스루 동안에 드리블을 위해 사용한 다리와 발은 자연스러운 달리기 보폭 위치에 따라서 회전한다. 인사이드 드리블은 볼과 접촉하는 다리의 방향에 대해서 다리의 바깥쪽 회전으로 인한 달리는 속도의 장애 때문에 가장 느린 드리블 기술이다.

(2) 아웃사이드 드리블

아웃사이드 드리블은 발 바깥쪽으로 볼을 터치한다. 선수는 볼과 다리의 접촉을 위한 내측 회전 때문에 다소 달리는 속도에 영향을 주지만 리듬 있는 달리기 형태를 유지할 수 있다. 볼과 접촉하는 발은 발목의 완전한 쭉 편 상태에서 이루어지고 발의 위치는 볼의 뒷면과 엇갈린 자리에 놓는다. 발 바깥쪽을 이용하는 아웃사이드 드리블은 볼과 접촉하는 발의 전방과 측면으로 볼을 드리블할 수 있다. 따라서 아웃사이드로 드리블할 때는 발목을 안쪽으로 약간 회전하여 볼을 접촉하지 않으면 동일한 발을 가지고 연속으로 볼을 터치하면서 곡선 경로를 따라서 볼을 이동시킬 수 없다.

(3) 인스텝 드리블

 발등 전체를 이용하는 인스텝 드리블은 인사이드와 아웃사이드 드리블과 다르게 무릎을 구부려서 볼과 접촉하는 부위를 넓게 한다. 발등 전체를 이용하기 위해서 발은 아래 방향으로 향하고 발끝이 지면과 접촉이 일어나지 않는 추가적인 공간을 필요로 한다. 그러나 다리는 바깥쪽이나 안쪽으로 회전하지 않는다. 볼과 접촉 시에 드리블하는 다리의 무릎은 볼 위쪽에 위치해야 한다.

 리듬 있는 달리기 형태에서, 약간의 멈춤 작용에 고관절과 무릎에 굴곡이 만들어져야 지면과 발 사이에 여유 공간이 생긴다. 발등을 이용한 드리블은 접촉하는 발의 약간 안쪽이나 바깥쪽 회전이 드리블의 방향을 변화시키기 때문에 가장 현혹적인 기술이다. 다음은 볼과의 접촉하는 발 부위에 따른 드리블 기술들의 핵심 사항이다.

움직일 때마다 한 번씩 차게 한다.

자세

드리블은 돌파 드리블이 있고, 키프 드리블이 있다. 돌파 드리블은 상대를 치고 나가는 드리블, 돌파가 결정되면 적극적인 플레이를 한다. 키프 드리블은 공을 계속 자기편의 접근을 기다리는 드리블, 또는 상대에게 공을 뺏기지 않도록 계속 갖고 있는 것을 말한다. 드리블할 때는 정면에서 볼 경우 얼굴이 보이는 자세가 좋다. 즉 가슴을 펴고 상체를 일으키면서 드리블한다. 공만 보지 않고 앞을 봄으로써 시야가 넓어진다. 상체가 기울면 주위 상황이 아무것도 보이지 않는다. 드리블할 때 스텝은 세밀하게 하는 것이 좋다. 움직일 때마다 한 번씩 차게 한다.

시선

상대의 다리와 공을 보면서 드리블한다. 좋은 시야를 해소시켜 플레이 폭을 넓게 한다. 돌파 드리블을 할 때의 시야는 상대방의 다리 움직임을 체크해야 한다. 패스할 때의 시야는 머리를 들고 넓게 보고 패스한다.

포인트

① 스피드의 변화를 활용하라 : 때로는 느리게, 때로는 빠르게, 빠르고 느림의 조화를 활용하라.

② 시선은 2~3m 전방을 향하도록 하라.
③ 전후좌우로 방향을 전환하라.

훈련방법

기초기술의 훈련 방법은 일반적으로 다음의 단계에 따라 실시하는 것이 효과적이다.

1단계	볼 없이 실시하는 동작연습
2단계	정지 상태에서 볼을 가지고 연습
3단계	움직이는 상태에서의 볼을 이용한 연습
4단계	콘을 수비로 생각하고 연습
5단계	지도자가 수비 역할을 하면서 연습
6단계	상대방 수비선수를 두고 실시하는 연습
7단계	1:1 게임 상황에서 연습

3) 드리블 중 상대를 속이는 페인트 기술

페인트란, '상대방의 허를 찌르는 것'이다. 오른쪽으로 패스하는 척하면서 왼쪽으로 차 넘기거나 슛을 하는 동작 등은 페인트의 좋은 본보기이다.

예를 들면, 공을 다루며 상대방이 공격해 올 때, 앞에서 수비하는 선수가 일부러 한쪽으로 갑자기 움직이는 척하여 상대방으로 하여금 반대쪽으로 움직이도록 유도하는 동작이나, 상대방에게 집중 수비를 당하고 있는 공격 선수가 골을 향해 달릴 것 같은 동작을 취했다가 갑자기 방향을 바꾸어 되돌아와 상대를 따돌리고 자유롭게 패스를 받는 경우 등 이상 두 가지 예는 공을 가지고 있지 않은 경우에 할 수 있는 페인트 동작이다.

축구는 처음부터 끝까지 공을 둘러싸고 벌이는 상대와의 싸움이므로, 넓은 뜻으로는 페인트의 연속이라 할 수 있다. 이처럼 페인트는 매우 중요한 기술로서, 실전에 있어서 대부분의 동작이 바로 페인트 동작이므로, 초보자는 기본 기술을 익힐 때 페인트 동작을 아울러 충분히 연습하도록 한다.

페인트의 과학

축구에서 페인트는 속임 동작이다. 공격수는 자신의 거짓 동작을 수비수가 예비동작이 아닌 본 동작으로 믿게 해야 한다. 국가대표팀 주무를 지낸 김정훈(대한축구협회)은 페인팅의 효과를 높이는 방법으로 다음 세 가지를 제시한다.

첫째, 동작을 크게 한다. 둘째, 동작의 간격을 생각한다. 셋째, 자주 사용하지 않는다.

동작을 크게 하기 위해서는 다리뿐만 아니라 상체를 이용해야 한다. 호나우두의 페인트가 예술로 평가받는 것은 상체를 크게 흔들기 때문이다. 동작이 작으면 수비수가 속지 않는다.

유도 동작과 본 동작은 0.06~0.1초 사이에 이뤄지는 게 효과가 크다. 스피드가 중요하다고 페인팅을 한 뒤 너무 빠르게 본 동작을 하면 효과가 떨어진다. 보통 속임수 동작과 실제 동작이 0.04초 이내의 찰나이면 상대는 첫 번째와 두 번째 동작을 구분하지 못하고 하나로 본다. 그래서 첫 번째 동작, 즉 유도 동작에 대한 반응을 보일 수 없다. 아무리 좋은 기술도 여러 차례 쓰면 상대에게 읽힌다. 한 경기에서 결정적일 때 한두 번만 사용하는 게 기술 발휘의 조건이다.

크루이프 턴(Cruijff Turn)

상대를 돌파하는 모션을 취한 후 볼을 발바닥으로 잡아당겨 180도(반대방향)으로 이동한다. 예전 이 기술을 세계에 알렸던 네덜란드의 축구스타 '요한 크루이프'의 이름을 따서 '크루이프 턴'이라고도 한다. 알아두면 실전에 아주 유용하다.

① 디딤발이 되는 왼발을 공의 앞으로 위치하는 것이 가장 중요하고 어깨 넓이로 벌려준다.
② 뒤쪽에 위치한 공을 오른발로 진행하고자 하는 역방향으로 터치하고 공은 인사이드로 가볍게 밀어주듯 드리블한다.

③ 급정지하면서 상대방을 속이는 기술이므로 무게 중심을 디딤발에 두는 것이 중요하고 발목 스냅을 이용한다.

뒤로 인사이드라고 생각한다.

리베리 턴(턴 스핀, Turn Spin)

공을 멈추는 페이크 동작과 상대방을 등지고 돌아서 젖히고 들어가는 '턴 스핀'은 바이에른 뮌헨에서 활동하고 있는 선수 '리베리'가 자주 사용하는 동작으로 '리베리 턴'이라고도 불린다.

① 볼을 인사이드로 멈추고 모션을 취한다.
② 인사이드 방향으로 터치한 볼을 디딤발의 뒤쪽으로 옮겨준다.
③ 흐르는 공을 디딤발의 아웃사이드를 이용하여 방향을 바꾼다.
④ 직각의 방향 전환으로 상대방을 스치고 가듯 동작을 한다.

몸이 한 바퀴 회전하면서 하는 기술이다.

아카노바(Arcanova)

상대방을 등지고 볼을 머리 위로 넘겨서 돌파하는 기술이다. 높이 뜬공으로 상대방의 시선을 빼앗아 수비를 돌파하는 기술로 섬세한 기술이 필요한 동작이다.

① 상대방을 등지고 몸싸움에서 밀리지 않는다.
② 발바닥으로 볼을 정지 시킨 후 발끝을 이용해 볼을 허리 높이까지 띄운다.
③ 상대방 쪽으로 몸을 살짝 틀며 다리를 구부려 들어준다.
④ 자신의 머리와 상대방을 넘길 수 있도록 뒤꿈치로 볼을 차서 포물선으로 넘어가게 한다.
⑤ 넘어온 다음에는 상대방 어깨보다 앞서서 좋은 위치 선점으로 볼을 소유한다.

정지 상태에서 시작해서 신속하게 움직인다.

사포(레인보우 플릭, Lainbow Flick)

UFO슛으로 유명한 브라질의 카를로스와 호나우지뉴, 호나우두의 완성도가 높다. 우리나라 선수로는 이영무가 현역 때 완성도 높게 구사했고, 고종수의 사포도 매력적이다. 축구황제인 펠레가 원조라고 하는 사람도 있다.

사포란 라틴어로 모자라는 뜻으로 기술 자체가 머리 위로 올리기 때문에 모자를 쓰는 것 같다고 해서 사포라 불리게 되었다. 발뒤꿈치를 이용하여 자신과 상대의 머리 위로 공을 넘겨 돌파하는 방법이다.

① 두 발 사이에 공을 넣고 잡는다. 공을 잡는 위치는 앞발 뒤꿈치 부분과 뒷발 인사이드 부분으로 공을 잡아준다.
② 뒷발 인사이드로 공을 잡고 앞발 뒤꿈치를 타고 종아리 위로 공을 굴리듯 올려준다.
③ 무릎을 구부리면서 서로 교차하면서 공을 올려준다.
④ 뒷발을 먼저 들어 올리고 바로 뒤꿈치로 공을 띄워 자신의 앞으로 보낸다.

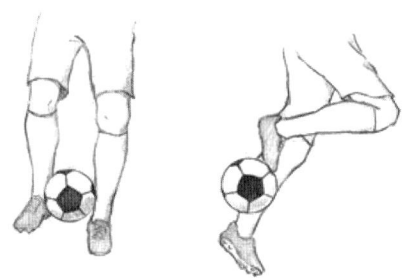

머리 위로 보내 다시 앞으로 오게 만드는 기술이다.

팬텀 드리블(Phantom Dribble)

팬텀 드리블은 양발을 함께 사용하는 기술로 드리블하던 속도를 그대로 유지한 채 상대방을 속이는 기술이다. 리오넬 메시와 이니에스타가 자주 사용하는 기술이다.

팬텀 드리블은 순간적인 스피드와 터치로 이루어지는 기술로 상대방의 눈에 잘 보이지 않아 유령을 뜻하는 '팬텀'이라는 영어 단어에서 그 이름을 만들었다.

① 공을 다리 사이에 놓고 어깨넓이로 벌려주고 시선은 공을 바라보며 선다.
② 한쪽 방향에서 반대방향으로 인사이드로 공을 밀어주듯 터치하는 것이 중요하다.
③ 이때 중요한 것은 공이 대각선이 아니라 수평방향으로 움직이게 하는 것이다.
④ 하나, 둘 동작으로 속임수를 마무리한다.

다리 사이에서 왔다 갔다 하다가 한쪽 방향을 속이는 기술이다.

플립플랩(Flip Flap)

플립플랩은 순간적인 발목의 스냅으로 아웃프런트를 이용해서 방향전환을 하는 기술이다. 브라질의 호나우지뉴의 전매특허 기술이다. 수비수와 1:1 상황일 때 수비수를 따돌리고 벽을 쉽게 뚫을 수 있는 기술이다.

한마디로 발목을 두 번 오른쪽과 왼쪽으로 꺾어 드리블하는 기술이다. 호나우지뉴는 수비수를 1~2m 앞에 두고 공을 오른발 아웃사이드로 참과 동시에 인사이드로 꺾는다.

아웃사이드로 볼을 컨트롤 할 때 다리는 쭉 뻗치고 몸은 앞으로 숙여지게 된다. 볼이 인사이드에 있을 때는 몸의 중심도 이동한다. 볼이 호나우지뉴의 오른쪽으로 갈 것으로 판단한 수비수는 몸의 무게중심이 반사적으로 이동한다. 플립 플랩의 특징은 현란한 볼 컨트롤과 재빠른 몸동작이다. 그래서 강한 발목 힘이 있어야 공을 마음대로 꺾을 수 있다. 또 상체와 다리의 방향이 급격하게 바뀌므로 허리가 강하지 않으면 플레이가 쉽지 않다.

① 공을 자신 있는 발에 위치하도록 드리블한다.
② 한 발을 공 쪽으로 쭉 뻗으면서 순간적인 스피드로 아웃프런트로 밀었다가 다시 안쪽으로 당긴다.
③ 시선과 동작은 공을 바라본다.

아웃 프런트로 시작해서 인사이드로 마무리한다.

헛다리 짚기

이영표의 트레이드마크는 헛다리 짚기다. 공을 다리 사이에 놓고 헛다리를 내어 상대의 모션을 빼앗는 동작이다. 이것은 정지관성을 이용한 것이다. 몇 차례 헛다리를 짚은 뒤 움직이면 상대의 반응속도는 그만큼 느리게 된다.

동작 크기로 볼 때 효율과는 거리가 있는 셈이다. 또 그의 헛다리 짚기는 0.06초가 채 안 된다. 너무 빠르기에 이론상 수비수는 반응을 보일 수 없다. 헛다리를 한 번만 내는 게 아니라 두세 번 연속함으로써 상대의 판단력을 흐리게 하는 것이다.

두 다리의 스피드도 중요하지만 상체의 움직임도 중요하다. 상체로 한 번 속이고 하체로 상대방을 무너뜨리는 기술이기 때문이다.

① 몸은 공의 중앙에 위치하고 양발을 어깨 넓이보다 많이 벌린다.
② 시선은 공을 보고 무게중심을 한쪽 발에 놓고 반대발로 공의 앞쪽으로 교차한다.
③ 상대방이 흐트러졌을 때 반대쪽으로 아웃사이드 킥으로 터치하면서 이동한다.

마르세유 턴

프랑스 지네딘 지단이 즐겨 사용하기에 붙여진 이름이다. 지단은 마르세유 출신이다. 드리블 때 따라붙는 수비수 앞에서 한 발로 볼을 순간 정지시킨 뒤 몸을 360도 돌려 양 발로 볼을 컨트롤 하는 고난도 기술이다. 공의 진행방향이 완전히 바뀜은 물론 상대의 중심을 흐트러뜨릴 수 있어 대단히 효과적이다. 지단도 종종 수비수 두 명을 멋진 회전으로 제압하는 묘기를 선보였다. 박지성도 2007년 프리미어리그 애스턴 빌라전에서 완벽한 마르세유 턴을 선보인 바 있다.

① 한발에 무게 중심을 두고 무릎 탄력을 이용해 순간적으로 동작을 정지한다.
② 정지와 동시에 뒤쪽에 있는 발을 이용해 공을 자신의 쪽으로 끌어당긴다.
③ 몸을 회전하면 반대 발끝으로 공을 터치하고 수비를 등지고 넘는다고 생각하면 된다.

왼발, 오른발 모두 가능하도록 훈련한다.

터널 드리블

상대의 다리 사이로 볼을 통과시켜 수비수를 따돌리는 드리블이다. 안정환, 이천수의 터널 드리블도 매끄럽다. 이 드리블의 생명력은 순발력과 스피드에 달려 있다. 다리 사이로 뺀 공을 수비수보다 빨리 확보해야 하기 때문이다. 앞에 있는 수비수가 몸을 돌려 공격자의 진로를 막으면 허사가 된다. 동작이 성공하려면 우선 패스하려는 듯한 몸짓으로 상대의 중심을 무너뜨려야 한다. 자세가 흐트러진 수비수는 균형을 되찾기 위해 다리를 벌리게 된다. 이때 가볍게 볼을 차 다리 사이로 빼고 재빨리 상대의 측면으로 달려 볼을 차지한다.

① 상대방을 등지고 몸싸움에서 밀리지 않도록 한다.
② 볼을 발바닥으로 정지시킨 후 반대 발을 사용하여 상대방의 다리 사이로 공을 통과시킨다.
③ 상대방의 다리 사이로 공을 통과시킬 때는 민첩하게 행동한다.
④ 볼을 통과시킨 후 상대방과 부딪히지 않도록 한다.

다리 사이로 공을 보낸다.

라보나 킥(Rabona Kick)

라보나는 스페인어로 탱고에서 두 다리를 꼬는 스텝 동작을 의미한다. 라보나는 공을 차듯이 헛다리를 하면서 상대를 교란시킨 뒤 디딤발이 된 다리의 뒤로 패스나 킥을 한다. 포르투갈의 크리스티아누 호날두의 전매특허라고 해도 과언이 아니다.

안정환과 김도훈도 J-리그에서 몇 차례 완벽한 연기를 했다. 발이 꼬이고 중심을 잃기 쉬워 어정쩡하게 시도하면 오히려 공을 빼앗길 수도 있다.

　라보나 킥은 디딤발로 중심을 확실하게 잡는 게 일차 관건이고 허리가 이차 관건이다. 몸이 꼬이는 상황이 발생하기에 허리가 힘이 없으면 킥을 힘 있게 할 수 없다. 허리의 힘은 유연한 반동에서 나온다.

　① 공을 차는 듯한 슛 페인팅 동작을 한다. 디딤발은 일반적인 슈팅 폭보다 더 멀리 위치한다.
　② 디딤발을 공의 반대쪽에 딛고 반대발로 킥을 한다.

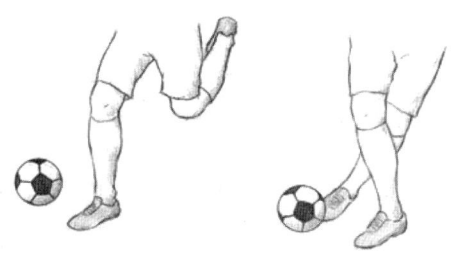

백 슛(Back Shot)

　자유롭게 수비수를 제칠 수 있는 축구 드리블 기술 백 슛은 호날두 선수의 개인기로 유명하다. 공의 방향을 전환하여 수비수를 제칠 때 아주 유용하게 쓰이는 드리블이다.

　① 뒤꿈치를 사용하여 방향전환을 해주는 기술이다.
　② 디딤발의 중심을 잃지 않도록 자세를 잡아준다.
　③ 공을 뒤로 밀 때는 '툭' 하고 밀어준다.

프리스타일

볼 띄우기

① 자신이 주로 사용하는 한쪽 발로 공을 밟는다.

② 발의 스피드를 이용해서 안쪽으로 공을 빠르게 끌어올린다.

③ 공을 땅에서 퍼 올리듯이 가볍게 들어올린다.

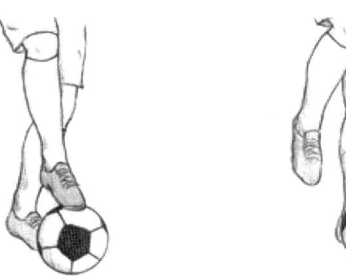

한 발은 당기고, 한 발은 퍼 올린다.

인프런트 힛치(Infront Hitch)

리프팅을 응용한 프리스타일 기술 중 하나이다.

① 시선은 공을 바로 보고 리프팅을 무릎 위까지 한다.
② 공을 약간 높게 차주고 오른발을 왼발 뒤로 꼬아 준다.
③ 시선은 계속 공을 주시하고 무릎을 구부리면서 뒤로 한 발 인프런트로 터치한다.
④ 충격흡수를 위해 무릎을 살짝 구부린다.

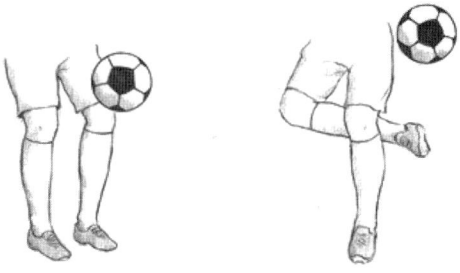

마지막은 인프런트로 공을 멈추는 것이다.

넥스톨(Neck Stall)

리프팅으로 공을 목 뒤에 올려놓는 기술이다. 축구를 사랑하는 사람이라면 누구나 한 번은 해 봤을 것이다.

① 리프팅을 하다가 공을 수직으로 곧게 머리 위까지 차올린다.
② 공에 시선을 끝까지 하다가 공이 떨어지는 동시에 목 뒤에 올려놓는다.
③ 충격을 흡수하기 위해 무릎을 구부리면서 공과 함께 목을 수직으로 숙인다.

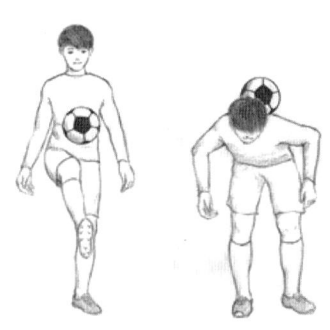

저글링(리프팅 돌리기, Juggling)

경기 중 과한 저글링 기술을 사용하면 종종 비난을 받는 경우가 있기 때문에 실전에 자주 쓰지 않는 기술이다. 공을 발로 띄우는 동시에 공 주변을 한 바퀴 돌려서 다시 받는 기술을 뜻하는 저글링은 리프팅에 화려함을 부각시켜주는 프리스타일의 기본이다.

① 리프팅을 시작한다.
② 시선은 공을 바로 보고 공을 위로 차는 동시에 다리를 들어준다.
③ 공은 리프팅할 때보다 높게 다리는 자신의 무릎 위까지 들어준다.
④ 들어 올린 다리를 공의 안쪽에서 바깥쪽으로 들어올린다.

패스(Pass)

축구에서는 패스의 정확성과 선수 상호 간의 협조가 경기의 승부를 좌우할 수도 있다는 것을 인식하여야 한다. 경기에 임해서 상대방을 제압하기 위해서는 전 선수가 상호 간에 협조하면서 주고받고 하는 원활한 패스웍을 바탕으로 연결하는 과정이 매우 중요하다. 패스는 자기편 선수에게 정확하게 넘겨주지 않으면 의미가 없다. 정확한 패스야말로 훌륭한 패스이다.

처음 패싱 훈련을 시작하면서부터 패스마다의 특성과 필요성을 충분히 이해하도록 하고 패스마다의 동작을 정확하게 익혀두어 실전에서 요긴하게 활용할 수 있어야 한다. 참고로 수많은 세계적인 축구스타들도 한 경기당 볼 소유시간이 채 5분이 안 된다고 한다. 그만큼 Non-Stop 패스가 중요하다는 것이다.

포인트
① 강약을 조절하라.
② 공을 받는 사람의 왼발, 오른발에 맞춰 주도록 노력하라.

1) 인사이드 패스(inside pass)

매우 빈번하게 사용되는 중요한 패스로서 지도자들이 가장 먼저 가르치는 기술이다. 이 패스는 15m 내외의 거리에서 공을 패스하는 데 가장 효과적인 방법이다. 몸은 낮은 자세로 하고 팔을 들고 실시하는데 이 자세를 일명 '원숭이 자세'라고 한다.

경기 중 가장 많이 사용되는 패스이며, 킥과 같이 강한 볼은 찰 수 없으나 가까이에 있는 자기편에게 가장 정확하고 안전하게 패스를 하고자 할 때에 쓰는 방법이다. 이 패스는 찰 때의 자세로 상대방에게 방향이 알려지기 쉬운 결점이 있으나, 가장 정확하고 확실한 방법이다. 중심이 되는 다리는 볼 옆에 15센티 정도 떨어진 곳을 딛고 차는 발의 안쪽이 정면을 향하도록 발목을 벌린 후 찬다. 자기편이 받기 쉬운 정도의 세기로 차는 것이 좋다.

2) 아웃사이드 패스(outside pass)

이 패스는 상대방을 속일 수 있고 인사이드 패스보다 상대가 예측하기 힘들다. 이 패스는 발끝을 펴서 안쪽으로 당긴 자세로 발의 바깥 부분이 공의 중심에 맞게 하는 패스로서 인사이드 패스와 달리 발의 다른 부분을 사용하기 때문에 몸의 전체적으로 곧고 위를 향하게 되며, 인사이드 패스보다 힘이 없지만 짧거나 중간 정도 거리에 많이 사용하고 상대방 선수들에게 많이 둘러싸여 있을 때 사용한다.

인사이드 패스에서는 몸이 향한 방향으로 똑바로 볼을 차는데, 아웃사이드 패스는 발등의 바깥부분을 이용해 몸의 방향과는 다른 방향으로 볼을 찬다. 패스동작도 그다지 큰 동작은 아니므로, 패스의 방향을 알기 어려운 패스이다.

3) 인스텝 패스(instep pass)

25m 이상 먼 거리를 패스할 때 사용하며, 발끝을 땅 쪽으로 곧게 펴서 발등이 공의 중심에 맞게 킥한다. 다소 어려운 킥이다. 특히 디딤발이 목표를 향하는 것이 중요하다. 머리는 숙이고 시선은 공에 둔다. 멀리 차기 위해서 디딤발의 위치는 공과 일직선상에 위치해야 한다.

초보자에서 상급자로 가기 위해서는 디딤발의 위치부터 고쳐야 한다.

　인스텝 패스는 볼을 먼 거리에 보내거나 강한 패스를 원할 때 사용하게 되지만 정확성이 떨어지는 단점이 있다. 볼은 발등의 중앙, 축구화의 끈 부분으로 차며, 발가락으로 운동화 바닥을 누르고, 발목을 곧게 뻗어 찬다. 이때 발목이 흔들리면 강한 볼을 찰 수 없기 때문에 차는 순간 발목에 힘이 들어가 있어야 한다.

4) 힐 패스(heel pass)

　힐 패스는 뒤쪽으로 재빨리 볼을 보내고 싶을 때 꼭 필요한 패스이다. 볼을 차는 방향과 몸의 방향이 반대이므로, 상대는 패스 코스를 미리 알 수가 없다.

헤딩(Heading)

헤딩은 이마를 사용하여 공을 컨트롤하여 자기가 원하는 방향으로 볼을 처리하는 축구 특유의 기술이다.

공을 맞추는 부위는 앞 머리카락이 난 부위와 눈썹과 눈썹 사이 중간에 맞춘다. 타이밍을 잘 맞추면 전혀 통증을 느끼지 못한다. 눈을 감지 말고 턱을 끌어당긴다. 공을 잘 보고 상체를 뒤로 조금 젖힌다. 상체를 원상태로 되돌리면서 이마로 공을 맞춘다. 턱을 끌어서 공의 행방을 확인한다. 헤딩을 처음 배우는 유소년들에게는 공포심을 없애는 것이 우선이다.

포인트
① 헤딩의 스피드는 허리에서 나온다. 허리를 활용한 헤딩을 하라.
② 약간의 머리 회전으로도 볼의 방향이 급격하게 바뀌므로 과도하게 머리를 틀지 마라.

방법
① 다리를 약간 벌린 상태 혹은 서로 앞뒤로 약간 엇갈리는 상태로 만든다.
② 상체를 고정시키고 뒤로 젖혔다가 활처럼 탄력적으로 볼을 맞힌다.
③ 이때 목과 목 근육을 고정시킨다.

④ 머리의 정 가운데 이마에 볼을 맞힌다.
⑤ 헤딩 후 볼이 날아가는 방향으로 끝까지 주시한다.

용도 : 슛, 패스

주의사항
① 목을 고정시킨다.
② 상체가 너무 뻣뻣하지 않도록 한다.
③ 볼을 이마에 맞힐 때 눈을 감지 않는다.

1) 스탠딩 헤딩(standing heading)

앞으로 헤딩할 때

지면을 디딘 양 발은 어깨 넓이만큼 전후, 또는 좌우로 벌리고 서서 무릎을 약간 굽혀 유연한 자세를 가진 다음 공이 접근함에 따라 상체를 뒤로 젖힌 다음 턱을 당기고 목에 힘을 준다. 공에 적절한 타이밍을 맞추어, 상체를 앞으로 진동시키면서 이마의 정면으로 헤딩한다. 이마에 공이 닿는 순간 당겼던 턱을 앞으로 내민다는 기분으로 헤딩한다. 양 팔은 팔꿈치를 굽혀 몸에 붙이고, 상체가 뒤에서 앞으로 진동할 때, 균형을 유지하며 진동하는 힘을 증가시킨다.

뒤로 헤딩할 때

지면을 디딘 양 발은 어깨 넓이만큼 전후, 또는 좌우로 벌리고 서서 무릎을 약간 굽혀 유연한 자세를 가진 다음 공이 접근하면 턱을 당기고 상체를 뒤로 젖혀 공이 머리 위를 통과하도록 한다. 공이 바로 머리 위에 오는 순간 무릎을 펴면서 턱을 위로 올리고, 상체를 약간 들어 올리면서 이마와 공이 닿도록 하여 공을 뒤로 보낸다. 양 팔은 팔꿈치를 굽히고, 몸에 붙여 몸의 균형을 유지한다.

2) 점핑 헤딩(jumping heading)

점핑 헤딩은 공중으로 뛰어올라, 높이 떠 있는 공을 헤딩하는 방법을 말한다. 머리 위로 지나가려는 공에 대하여 상대보다 조금이라도 빨리 공을 처리하기 위하여 가능한 한 높은 위치에서 공을 헤딩하도록 노력한다.

공을 주시하면서, 공이 접근하면 지면을 차고 공중으로 뛰어 오르면서 가슴을 펴고 상체를 뒤로 젖힌다. 이때, 무릎을 약간 굽히고 발을 뒤로 들어올린다. 공이 머리 가까이 왔을 때, 그리고 가장 높게 점프했을 때 상체를 내밀면서 헤딩한다. 양 팔은 점프할 때 자연스럽게 앞으로 들어 올려 점프력을 돕는다. 점프할 때, 뒤로 굽혀 올렸던 발은 상체를 앞으로 내밀 때 펴면서 앞으로 내밀어 착지한다.

3) 다이빙 헤딩(diving heading)

다이빙 헤딩은 물속으로 뛰어드는 동작과 같이, 앞으로 뛰어 넘어지면서 헤딩하는 방법이다. 수준이 높은 경기에서 문전의 득점 기회나 실점의 위기일 때 사용되는 경우가 많다.

양 팔은 자연스럽게 앞으로 들고 양 발을 약간 좌우로 벌리고, 무릎을 굽혀 상체를 앞으로 다이빙하도록 한다. 헤딩을 한 후에는 팔을 펴서, 양 손이 지면에 먼저 닿도록 하여 몸무게를 양 손으로 지지한다. 충격을 감소시키도록 양쪽 팔꿈치를 굽히면서 가슴, 배, 대퇴부의 순서로 지면에 닿게 하여 안전하게 착지한다.

제자리에서 헤딩하고, 그 다음 점프 헤딩을 한다.

슛(Shoot)

포워드라면 한 시합에 몇 회는 반드시 슈팅 찬스가 있는 법이다. 그중에는 득점이 되는 결정적인 찬스가 있는 법인데, 이 찬스에 득점할 수 있느냐의 여부가 승패를 크게 좌우하는 것이다. 이 슈팅 찬스의 공은 땅볼, 라이너성의 낮은 공 등 갖가지 구질의 공이 여러 방향에서 오게 된다. 항상 준비하는 마음으로 공을 받아야 한다.

또 슈팅의 구질에 대해서는 빠른 슈팅을 좋은 슈팅으로 생각하기 쉬운데, 골키퍼가 제일 잡기 힘든 슈팅은 골대 모서리로 정확하게 날아가는 슈팅이다. 따라서 슈팅 연습을 할 때에는 항시 골대 모서리를 겨냥해서 차도록 노력해야 한다. 강력한 슈팅을 위해서는 정확한 킥이 기본이 되어야 한다는 것을 명심하고 킥의 요령과 슛 감각을 위해 항상 개인연습을 통해 몸에 익혀야 한다.

슈팅에서 가장 중요한 것은 골을 결정짓는 것, 어떠한 방법으로 공을 차든 골이 결정되면 합격점을 받는 것이다. 지도자는 강한 슛이 정답이 아니고, 강하고 약하고를 떠나 원하는 곳으로 공을 찰 수 있는 선수가 좋은 스트라이커라고 가르쳐야 한다. 슛의 제 1조건은 겨냥한 곳으로 차는 것이다.

슈팅을 잘하기 위해서는 직선이 아닌, 각도를 조금 바꾸면 실력이 향상된다. 보통 아이들은 직선 슈팅만 생각한다. 그것이 잘못된 것은 아니지만 조금 각도를 바꾸는 편이 슛을 결정하기 쉽다는 이야기다. 그러면 키퍼가 코스를 읽기 어렵다는 것을 의미한다.

포인트
① 빠르게 판단하고 침착성을 유지하라.
② 문전에서 항시 슈팅의 욕심을 가져라.
③ 공을 끝까지 보며, 슈팅에 대한 자신감을 가져라.
④ 패스되어 오는 공의 구질과 슈팅할 킥의 방법을 맞춰라.
⑤ 공이 없는 상태에서도 항시 경기를 읽어볼 수 있도록 하라.
⑥ 타이밍을 반 박자 빠르게 가져가도록 노력하라.
⑦ 상대 수비의 가랑이를 노리고 슈팅하라.
⑧ 상체를 앞으로 약간 숙이면서 슈팅하라.

연습방법
① 골대에 표적 붙여놓고 맞추기.
② 앞에 사람 세워 놓고 프리킥 해 보기.
③ 드리블한 후 다음 슈팅 연습하기.
④ 1대 1 돌파 후 슈팅 연습하기.

골키퍼

> **역할**

　골키퍼는 다른 10명의 선수와 달리 페널티에어리어 안에서 손으로 공을 다룰 수 있는 유일한 선수다. 골키퍼의 플레이는 보호되어 있다. 예를 들면 볼을 잡으려고 할 때나 볼을 잡고 있지 않을 때 상대편 선수에게 어깨 차징을 받으면 반칙을 얻을 수 있다. 상대의 슈팅한 볼을 캐칭, 펀칭, 세이빙 등의 기술에 의해 골을 지키는 임무가 있을 뿐만 아니라, 공을 잡았을 경우 재빠르게 공격으로 이루어지므로 상황에 따라, 킥킹, 드로잉에 의해 자기편에게 정확하게 공을 전달하여야 한다.

　또 제일 후방에 있는 수비수로서 골문을 지켜야 하는 특수한 포지션으로, 골키퍼는 기초 체력에 뛰어나고 냉정하며 정확한 판단력을 가지고, 공격, 수비의 양면으로 충고할 수 있는 능력이 필요하게 된다. 골키퍼는 상대 선수들의 움직임을 보고 자기편에게 전달한다.

　골키퍼에게 필요한 정신은 영리함, 커뮤니케이션 능력, 용기, 냉정함이 필요로 한다.

　골키퍼는 이왕이면 좋은 조건을 가지고 있으면 좋다. 골키퍼는 일단 키가 크고 균형 잡힌 몸이 좋다. 키는 큰데 둔하면 어려울 수도 있다. 정확하고 뛰어난 캐칭 능력, 빠른 반응력, 상황 판단력과 예측력, 넓은 시야가 필요하다. 하지만 모든 것은 훈련을 통해서 극복할 수 있다.

골키퍼의 기본 기술

① 캐칭 : 볼을 받는 기술　② 펀칭 : 볼을 치는 기술
③ 드로잉 : 볼을 던지는 기술　④ 키킹 : 볼을 차는 기술

골키퍼의 위치

골키퍼는 상대에게 가까이 다가가면 다가갈수록 상대의 킥하는 각도가 작아진다. 그러므로 상대의 틈을 노려 앞으로 나간다.

① 골대 앞으로 나오는 경우

상대 선수가 혼자서 올 때 빠르게 그 선수의 정면으로 달려 들어가 볼을 킥할 범위를 좁게 해야 한다. 그리고 찬스를 노려 볼을 재빠르게 빼앗아야 한다. 실수하면 득점과 연결된다.

② 골대를 지키는 경우

수비수가 있다든가 상대방 선수가 2명이 콤비를 이루면서 공격할 때는 앞으로 나오면 속게 된다. 앞으로 나가서 막으려고 하다가는 상대 선수의 패스 속임수에 쉽게 골을 줄 수 있다. 그러므로 골대를 끝까지 지켜야 한다. 골대를 지킬 때는 사람보다는 볼만을 확실히 쳐다보고 볼을 정면으로 향하도록 한다.

③ 코너킥의 경우

코너에서 먼 쪽의 골포스트의 옆에 서서 킥하는 쪽으로 몸을 향한다. 다른 한쪽의 골포스트는 자기 팀 선수들에게 지키도록 한다. 아니면 양쪽 골포스트는 각각 1명씩 지키도록 하고 골키퍼는 가운데에 선다. 위치는 골키퍼 지시에 따른다.

④ 프리킥의 경우

프리킥의 경우에는 제일 중요한 것이 벽을 쌓는 것이다. 문전의 수비는 어떤 상대 공격수도 골키퍼를 방해하지 못하도록 자리를 잡아야 한다. 만약 프리킥이 골라인에서 10m 지역 안에서 행해지면 어쩔 수 없지만, 그렇지 않다면 수비선수들은 가능한 멀리 자리를 잡아야 한다. 이런 방식으로 수비선수들은 골키퍼의 활동공간을 확보하며, 너무 서둘러 뛰어드는 상대에게 오프 사이드작전을 쓴다.

⑤ 페널티킥의 경우

상대방 선수와 1:1 대결이므로 가운데 서서 킥하는 방향을 찾아내야 한다. 방법으로는 먼저 기다리면서 양쪽을 모두 주목하며 균형을 유지하고 그리고 볼을 막는다. 두 번째 방법은 한쪽으로 나아가며, 옳은 판단이기를 바란다. 어린 유소년들은 특히 골대의 왼쪽으로 많이 차는 경향이 있다.

슛에 대한 기본자세

나이가 어린 아이들은 일방적인 게임을 할 때 이기는 팀의 골키퍼는 할 일이 없다고 생각하고 볼을 안 보고 앉아 있는 경우를 종종 볼 수 있다. 골키퍼는 게임 중 항상 공으로부터 눈을 떼지 않도록 하고, 상대가 슛을 하면 골 어디로 공이 날아 들어와도 재빨리 움직일 수 있는 자세를 취해야 한다. 어떠한 공이라도 날아오는 코스로 몸을 던진다는 것, 자기의 몸보다 앞에서 잡는다는 것을 의식해야 한다.

손은 어느 방향으로 공이 날아와도 캐칭할 수 있도록 약간 전방으로 팔꿈치를 굽혀서 자세를 취한다. 발은 발뒤축을 들어서 어깨 너비로 벌리고, 무릎은 부드럽게 굽혀서 전후좌우로 재빨리 움직이도록 한다. 다리는 기마자세이고 팔은 만세자세에서 약간 내린 자세라고 생각하면 된다.

땅볼로 오는 볼 캐칭

무릎을 펴고 볼을 잡는 것이 중요하다.

① 정면으로부터 굴러오는 공에 대해 두 발을 가지런히 하여 무릎을 펴고, 손바닥을 앞으로 향하여 공을 뒤로부터 감싸듯이 가슴에 끌어안는다.

② 같은 요령으로, 앞으로 2, 3보 대시하여 공을 가슴에 재빨리 끌어안는다.
③ 정면으로부터 오는 공에 대해서 두 무릎을 펴고 캐치하는 방법과 한쪽 무릎을 대고서 캐치하는 방법이 있는데, 어느 쪽이건 간에 공이 빠져 나가거나 놓쳐 통과했을 때에 두 다리가 벽이 되고 안전하게 캐치하기 위한 방법이니 반드시 습관화한다.
④ 좌우로 날아오는 공에 대해서는 평행으로 이동해서 캐치하는 것이 아니라 비스듬히 앞으로 대시하고, 최단거리에서 잡는다.

땅볼 옆으로 오는 볼 캐칭

한 무릎을 땅에 대고 잡는다.

① 똑같이 앞으로부터 오는 땅볼에 대해서 한쪽 무릎을 한 쪽의 발뒤축 가까이에 대고서 벽을 만들고, 똑같은 요령으로 가슴에 끌어안는다.
② 좌우로 굴러 오는 공에 대해 대시해서 볼이 오는 코스에 들어서고, 공에서 먼 쪽의 한쪽 무릎을 대고서 캐칭한다.

공중공의 스탠딩 캐치

땅볼의 캐칭과 마찬가지로, 반드시 공의 코스로 재빨리 들어서도록 한다. 캐치하면 재빨리 가슴에 끌어안고 상체로 공을 끌어안듯 하며, 차징을 당했을 때도 몸으로 커버해서 공을 놓치지 않도록 한다. 공을 캐치한 순간에 양 팔꿈치를 굽혀서 공의 스피드를 죽이듯 가슴에 끌어안는다.

머리 위로 날아오는 공 캐치

① 머리 위로 날아오는 공에 대해서 양손으로부터 빠져나가지 않도록 양손의 손가락을 펴서 감싸듯이 하고, 뒤로부터 단단히 공을 받치면서 재빨리 가슴에 끌어안는다.
② 머리 위의 높은 공에 대해서는 재빨리 낙하점으로 달려들고, 점프한 최고점에서 공을 캐치하며 재빨리 가슴에 끌어안는다.

다이빙 캐치

골키퍼가 올바르게 포지셔닝 해도 공이 골 모서리로 날아오거나 빠른 스피드로 날아오면 좀처럼 캐치할 수 없게 된다. 이와 같은 공에 대해서는 제자리에서, 혹은 스텝을 밟고서 다이빙하여 캐치하지 않으면 안 된다.

펀칭

골 앞으로 날아오는 센터링의 공을 상대가 대시해 와서 헤딩슛을 노리고 올 때는 공중에서 상대와 경합해서 캐치하는 것은 어렵고, 안전제일로 공에 빨리 닿아서 클리어 하는 것이 중요하다. 그렇기 때문에 잡는 것보다 쳐내 보내는 것이 나은 경우가 있다.

펀칭은 항상 두 손으로 해야 한다. 그래야 볼에 접하는 부분이 더 넓어진다. 볼을 칠 때는 반드시 외곽으로 처리하여 곧바로 골문 앞쪽의 위험한 지역에서 공격이 이어질 가능성을 줄인다.

두 주먹의 손바닥 쪽이 마주보게 내밀며 엄지손가락 위로 꼭 쥔다. 꽉 쥔 주먹의 편평한 부분으로 펀칭한다. 짧고 빠르며, 순간적으로 치고 빼는 동작을 취했고, 타이밍이 정확했다면 볼은 멀리 빠져 안전한 볼 처리가 될 것이다. 펀칭할 때는 두 주먹을 밀착시킨다.

드로잉에 의한 방법

공을 손으로 던지고 자기편 플레이어에게 패스하는 방법이므로 확실하고, 또 캐치해서 재빨리 자기편 플레이어에게 던질 수 있으므로 속공 등에 많이 쓰인다.

1) 언더핸드 드로잉

짧은 거리를 날릴 때 사용한다. 손바닥에 볼을 올려놓는다. 오른쪽 팔을 후방으로 당긴다. 자기 팀 선수의 발 주변으로 던진다.

2) 오버핸드 드로잉

가슴을 틀어 뒤쪽으로 당긴다. 반동을 이용하여 오른손을 뻗는다.

키링에 의한 방법

골키퍼는 캐치한 공을 상황에 따라 겨냥한 곳으로 킥하지 않으면 안 된다. 이왕이면 멀리 차고 정확하게 차주는 것이 좋다. 킥 종류에는 펀트킥과 드롭킥이 있다. 펀트킥은 볼이 땅에 닿기 전에 차는 것이고, 드롭킥은 볼이 땅에 닿자마자 다시 튀어 오르면 차는 킥이다. 둘 중 아무거나 차도 상관은 없기 때문에 두 가지 다 훈련하되 상황에 맞춰 잘되는 킥으로 하면 된다.

4장 축구 지도법

축구 지도법 목차

볼 적응 훈련(정지훈련)

놀이를 통한 훈련

드리블 훈련

패스 훈련

슈팅 훈련

기타훈련

볼 적응 훈련(정지 훈련)

콘 위에 공 올려놓고 킥 연습

준비	* 각자 축구공1, 각자 접시콘1
인원	* 1~15명

방법	
	저학년
	1. 11자 대형을 하고 접시콘 위에 각자 공을 올려놓는다.
	2. 뒤로 갔다가 앞으로 오면서 킥 연습을 실시한다.
	3. 팔을 들고 시선은 앞에 보고 마지막에 공을 보고 킥을 한다.
	4. 거인 발로 실시하고 디딤발을 공 옆에 주먹이나 발 한 개 들어갈 정도로 벌리고 실시한다.
	5. 1단계 : 쌍둥이 킥 연습 – 서로 마주 보고 실시한다.
	6. 항상 안 되는 발을 많이 연습을 시킨다.
	7. 먼저 인사이드를 실시하고 아웃사이드, 인스텝, 인프런트, 아웃프런트, 토우킥, 힐킥도 연습한다.
	고학년
	1. 킥할 때 시선을 옆, 뒤로 보고 다른 곳을 주시하다가 킥할 때는 공을 보는 연습을 한다.
	2. 왼발과 오른발을 번갈아 가면서 실시한다.

몸에서 축구공 돌리기

준비	* 각자 축구공 1개
인원	* 1-15명
방법	 다리 사이로 돌리기 1  다리 사이로 돌리기 2  허리에서 돌리기  발목에서 돌리기 **저학년** 1. 다리를 모아서 양손으로 공을 발목 부근에 한 바퀴 돌린다. 2. 다리를 벌리고 왼쪽 발에서 한바퀴, 오른 발에서 1바퀴 돌린다. 3. 배와 등에서 공을 두 손으로 한바퀴를 돌린다. 4. 한 단계당 10회 이상을 실시해서 아이들이 볼에 대한 적응을 할 수 있도록 한다. 5. 게임으로 진행해서 흥미 및 집중을 시킬 수 있다. **고학년** 1. 연속으로 다리에서 돌리고, 허리에서 돌리고, 머리에서 돌린다. 2. 몸에서 공이 닿지 않도록 실시한다. 3. 달려가면서 2개 팀으로 나누어 게임 형식으로 진행한다.

등대고 공 주고받기

준비	* 2인 1조(2명이서) 축구공 1개
인원	* 1-15명

다리 밑으로

옆으로

위로

저학년
1. 2명이 서로 등을 대고 선다.
2. 축구공을 다리 밑으로, 왼쪽, 오른쪽, 위로 주고받는다.
3. 누가 빨리 10회 주고받는지 게임으로 진행한다.
4. 게임 형식으로 하고 집중을 잘하도록 지도한다.

고학년
1. 앉아서 공을 발로 전달하기 게임을 한다.
2. 여러 명이 같이 할 수 있다.
3. 지도자 지시 없이 아이들끼리 할 수 있다.
4. 이동하면서 할 수 있다.

계란 던지고 받기, 깨트리기

준비	* 각자 축구공 1개
인원	* 1-15명

방법		
	 던지고 받기 1	 던지고 받기 2
	 박수 치고 받기	 계란 깨뜨리기

저학년
1. 제자리에 서서 공을 계란이라고 표현하고 던지고 받는다.
 "우리 친구들 계란 땅에 떨어지면 어떻게 되죠?"
2. 공을 위로 던지고 박수 1번부터 10번까지 해 본다.
3. 깨트리기 : 공을 바닥에 던지고 다시 받으면서 계란 깨트려서 프라이 해 먹자고 이야기한다.
4. 무릎을 약간 구부린 자세로 한다.

고학년
1. 공을 던지고 한 바퀴 돌고 다시 공을 잡는다.
2. 이동하면서 진행한다.

던지고 브레이크

준비	* 각자 축구공 1개
인원	* 1-15명
방법	 던지고 브레이크 1  던지고 브레이크 2  인사이드로 브레이크  아웃사이드로 브레이크 **저학년** 1. 각자 축구공을 1개씩 가지고 제자리에서 1m 높이로 던진다. 2. 공이 5번 바운드되면 발바닥으로 살살 잡는다. 3. 이때 발바닥으로 세게 밟으면 계란이 깨진다고 이야기해준다. 4. 바운드가 1번하면 바로 발바닥으로 브레이크한다. 5. 바운드와 동시에 발바닥으로 브레이크한다. **고학년** 1. 인사이드 브레이크 : 던지고 바운드 되자마자 인사이드로 공을 치고 나간다. 이때 공이 멀리 가면 안 되고 몸과 함께 가야 한다. 그래야 수비에게 빼앗기지 않기 때문이다. 2. 아웃사이드 브레이크 : 던지고 바운드 되자마자 아웃사이드로 공을 치고 나간다. 이때 공이 멀리 가면 안 되고 몸과 함께 가야 한다. 그래야 수비에게 빼앗기지 않기 때문이다. 3. 이동하면서 진행한다.

공 발바닥으로 운전해 보기

준비	* 각자 축구공 1개
인원	* 1-15명

방법	 앞뒤로 운전하기 1	 앞뒤로 운전하기 2
	 옆으로 운전하기 1	 옆으로 운전하기 2

저학년
1. 제자리에서 각자 공 1개씩 가지고 있는다. 발바닥 운전하기라고 설명한다.
2. 발바닥으로 앞뒤로 전진후진 해 본다. 이때 발가락과 발끝까지 갈 수 있도록 한다.
3. 발바닥으로 옆으로 좌회전, 우회전해 본다.
4. 발바닥으로 원을 그려 한 바퀴 돈다.
5. 왼발, 오른발 모두 실시한다.

고학년
1. 점프하면서 발바닥으로 앞뒤로 전진 후진하기
2. 점프하면서 발바닥으로 옆으로 좌회전, 우회전하기
3. 왼발, 오른발 모두 실시한다.
3. 앞으로 이동하면 실시한다.

공 뽀뽀하기

준비	* 각자 축구공 1개
인원	* 1–15명
방법	 제자리에서 뽀뽀하기 1  제자리에서 뽀뽀하기 2 콘 돌면서 뽀뽀하기 1  콘 돌면서 뽀뽀하기 2  3박자 뒤로 찍기 1  3박자 뒤로 찍기 2

3박자 뒤로 찍기 3

방법	

저학년
1. 제자리에서 각자 공 1개씩 가지고 있는다.
2. 천천히 오른발 1번, 왼발 1번 실시한다.
3. 시속 10km에서 100km까지 서서히 빨라지는 게임으로 실시한다.
4. 공 뽀뽀하면서 팽이로 변신하기
5. 공 터치할 때 계란이 깨지지 않게 살살 뽀뽀하라고 이야기해준다.
6. 숫자 맞추기 게임 : 터치하는 동안 지도자가 손으로 숫자를 들면 맞추는 게임을 진행한다.

고학년
1. 앞으로 이동하면서 공 뽀뽀를 실시한다.
2. 옆으로 이동하면서 공 뽀뽀를 실시한다.
3. 오른발 1번, 왼발 1번, 오른발 뒤로 1번 터치하고 다시 반대로 터치한다. 처음엔 천천히 그 다음은 빨리 진행한다.
4. 처음엔 구분동작으로 나중엔 연속동작으로 실시한다.
5. 처음엔 정지 연습, 나중엔 이동 연습으로 진행한다.

꽃게 드리블

준비	* 각자 축구공 1개
인원	* 1-15명

방법	

저학년
1. 제자리에서 각자 공 1개씩 가지고 있다.
2. 인사이드로 공을 옆으로 밀면서 앞으로 이동한다.
3. 공이 도망가지 않도록 주의하고 도망가면 발바닥으로 브레이크 하라고 이야기해 준다.
4. 제자리에서 못할 경우는 앞으로 이동하면서 실시한다.
5. 공을 차는 것이 아니라 미는 것이라고 알려준다.
6. 팔은 가슴 앞으로 하고, 시선은 볼을 주시한다.

고학년
1. 제자리에서 각자 공 1개씩 가지고 있다.
2. 인사이드로 공을 옆으로 민다고 생각하고 천천히 제자리에서 실시한다.
3. 무릎과 허리를 숙이고 빨리 실시한다.
4. 숫자 맞추기 게임 : 지도자가 손을 들어 숫자를 만들면 맞추는 게임을 실시한다.
5. 거인 꽃게 드리블 : 큰 발로 갈 때 마다 1번씩 차는 연습을 한다.
6. 팔은 가슴 쪽으로 하고 시선은 공과 전방을 번갈아 가면서 주시하도록 연습한다.
7. 지도자가 숫자를 보여주면 맞추는 게임을 할 수 있다.

발바닥 당기고 발등 브레이크

준비	* 각자 축구공 1개
인원	* 1-15명
방법	

저학년
1. 제자리에서 공을 발바닥으로 내 몸 쪽으로 당기고 발등으로 공을 세운다.
2. 한 발로 실시하고 숙달이 되면 앞으로 가면서 실시한다.
3. 팔은 가슴 앞으로 하고 상체를 약간 숙여준다.
4. 무릎은 약간 구부려주고 왼쪽, 오른쪽 발을 번갈아가면서 한다.

고학년
1. 제자리에서 공을 발바닥으로 당기면서 공을 세우는 동작을 빠른 동작으로 실시한다.
2. 점프를 하면서 앞으로 가면서 실시한다.
3. 처음엔 천천히 나중엔 빠르게 실시한다.
4. 공을 밟고 넘어질 수 있으니 조심해야 한다.
5. 팔을 가슴 앞으로 하고 상체를 숙여준다.
6. 앞으로 이동하면서 실시할 수 있다. |

발바닥 당겨 인사이드 방향전환

준비	* 각자 축구공 1개
인원	* 1-15명
방법	

저학년
1. 제자리에서 공을 잡고 발바닥으로 당겨서 인사이드로 멈추면서 공을 잡을 발쪽으로 방향을 바꾼다.
2. 앞으로 이동하면서 실시한다.
3. 천천히 구분동작으로 실시한다.
4. 팔을 가슴 쪽으로 하고 무릎을 약간 구부리고 실시한다.

고학년
1. 전 동작을 빠른 동작으로 점프하면서 실시한다.
2. 발바닥으로 공을 옆으로 밀면서 인사이드로 브레이크를 처음엔 천천히 하고 숙달되면 빠른 속도로 실시한다.
3. 정지 훈련 이후 이동 훈련을 실시한다.
4. 팔을 가슴 쪽으로 하고 전방과 공을 번갈아 가면서 주시한다.
5. 지도자가 앞에 있으면 속이는 연습을 한다. |

뒤로 인사이드 방향전환

준비	* 각자 축구공 1개
인원	* 1-15명
방법	  **저학년** 1. 제자리에서 공을 발바닥으로 뒤로 당긴 다음 인사이드로 뒤로 방향전환을 실시한다. 2. 다른 발로 실시한다. 3. '뒤로 인사이드'라고 말하면서 실시한다. **고학년** 1. 속도를 빠르게 하고 점프를 하면서 실시한다.

세모 터치

준비	* 각자 축구공 1개
인원	* 1-15명
방법	   **저학년** 1. 꽃게 터치하고 공을 앞으로 보내면 다시 발바닥으로 공을 자기 쪽으로 당겨서 다시 꽃게 터치를 하고 구령은 3동작으로 한다. 2. 다른 발로 실시한다. **고학년** 1. 속도를 빠르게 하고 점프를 하면서 실시한다.

발바닥드리블 ☞ 아웃사이드 브레이크

준비	* 각자 축구공 1개
인원	* 1-15명

저학년
1. 제자리에서 공을 발바닥으로 옆으로 사과 깎듯이 돌린다.
2. 왼발로 실시한다.
3. 팔을 가슴 쪽으로 하고 무릎은 약간 구부리고 한다.
4. 시선은 공과 전방을 번갈아 가면서 본다.

고학년
1. 제자리에서 공을 발바닥으로 옆으로 사과 깎듯이 돌린 후 아웃사이드로 멈춘다. 다른 발도 실시한다.
2. 정지 상태에서 연습하다가 이동하면서 연습한다.
3. 팔을 가슴 쪽으로 하고 무릎은 약간 구부리고 한다.
4. 발바닥으로 2회 드리블한 후 멈춘다.

포크레인 공 올리기

준비	* 각자 축구공 1개
인원	* 1~15명
방법	   **저학년** 1. 제자리에서 공의 밑 부분을 발가락 끝으로 밀어 넣어 들어 올린다. 2. 왼발로 실시한다. 3. 발바닥으로 당기고 발등으로 차 올린 후 손으로 잡는다. **고학년** 1. 발바닥으로 당기고 발등에 공을 올려서 멈추게 한다. 2. 발바닥으로 당기고 발등에 공을 올린 후 멈추게 한 다음 자기 등에 올려 멈추게 한다.

마르세유 턴(팽이 턴)

준비	* 각자 축구공 1개
인원	* 1-15명

방법

저학년
1. 제자리에서 오른발가락 끝으로 찍고 시계 반대 방향으로 돌면서 왼쪽 발로 뒤로 당긴다.
2. 빠른 연속동작으로 점프하듯이 실시한다.
3. 구분동작으로 연습하다가 숙달되면 연속동작으로 한다.
4. 팔은 가슴 쪽으로 하고 공을 건너간다고 생각하고 실시한다.

고학년
1. 공을 앞으로 굴리면서 실시한다.
2. 반대발도 실시한다.
3. 처음엔 정지 연습하다가 나중엔 이동 연습한다.
4. 지도자가 수비라고 생각하고 기술을 실시해 본다.
5. 처음엔 그냥 공을 발바닥으로 찍고 턴 하지만, 나중엔 공을 발바닥으로 찍고 나서 옆으로 이동하게 해서 공간을 만들어 준다.

슛하는 척하고 뒤로 빼기

준비	* 각자 축구공 1개
인원	* 1–15명
방법	  **저학년** 1. 제자리에서 공을 놓고 뒤로 갔다가 앞으로 오면서 차는 발 슛하면서 차는 척만 한다. 2. 한 번만 공을 발바닥 끝으로 터치한다. 3. 처음엔 잔발을 하다가 슛하는 척한다. 4. 팔을 옆으로 벌리고 상체를 약간 숙이면서 실시한다. **고학년** 1. 반대발도 실시한다. 2. 드리블하면서 실시한다. 3. 대각선 방향으로 몸을 돌리고 실시한다. 4. 지도자가 수비 역할을 하고 실전처럼 연습한다.

인+아웃 속임수

준비	* 각자 축구공 1개
인원	* 1–15명
방법	  **저학년** 1. 공을 놓고 인사이드로 한 번 차고 아웃사이드로 찬다. 발이 땅에 닿지 않도록 실시한다. 2. 이때 한발로 실시하고 속일 수 있도록 몸도 많이 사용한다. 3. 반대발도 실시한다. 4. 드리블해서 앞으로 이동하면서 실시한다. 5. 신속한 동작으로 실시한다. **고학년** 1. 콘을 놓고 콘을 수비라 생각하고 피하는 척한다. 2. 지도자가 앞에 서 있고 수비라고 생각하고 속임수를 한다. 3. 짝을 정해 서로 마주보고 있다가, 한 사람은 드리블해서 속임수를 하고 반대쪽 사람은 달려와서 뺏는 척 수비를 한다. 4. 1:1 게임에서 이 기술만 사용해서 상대방을 속여 게임을 한다. 5. 반대발도 실시한다.

아웃+인 속임수

준비	* 각자 축구공 1개
인원	* 1-15명
방법	  **저학년** 1. 공을 놓고 아웃사이드로 한 번 차고 인사이드로 찬다. 발이 땅에 닿지 않도록 실시한다. 2. 이때 한 발로 실시하고 속일 수 있도록 몸도 많이 사용한다. 3. 반대발도 실시한다. 4. 드리블해서 앞으로 이동하면서 실시한다. 5. 하나의 동작이라고 생각하고 실시한다. 6. 몸을 바깥쪽으로 향했다가 돌아오는 모션으로 속임수를 실시한다. **고학년** 1. 콘을 놓고 콘을 수비라 생각하고 피하는 척한다. 2. 지도자가 앞에 서 있고 수비라고 생각하고 속임수를 한다. 3. 짝을 정해 서로 마주보고 있다가, 한 사람은 드리블해서 속임수를 하고 반대쪽 사람은 달려와서 뺏는 척 수비를 한다. 4. 1:1게임에서 이 기술만 사용해서 상대방을 속여 게임을 한다.

헛다리 짚기

준비	* 각자 축구공 1개
인원	* 1-15명
방법	   **저학년** 1. 제자리에서 공을 놓고 헛다리 짚기를 한다. 2. 이때 양쪽 발로 실시하고 속일 수 있도록 몸도 많이 사용한다. 3. 반대발도 실시한다. 4. 드리블해서 앞으로 이동하면서 실시한다. **고학년** 1. 콘을 놓고 콘을 수비라 생각하고 피하는 척한다. 2. 지도자가 앞에 서 있고 수비라고 생각하고 속임수를 한다. 3. (상대방) 짝을 정해 서로 마주보고 있다가, 한 사람은 드리블해서 속임수를 하고 반대쪽 사람은 달려와서 뺏는 척 수비를 한다. 4. 1:1게임에서 이 기술만 사용해서 상대방을 속여 게임을 한다.

발바닥드리블+인사이드 헛다리 속임수

준비	* 각자 축구공 1개
인원	* 1-15명
방법	    **저학년** 1. 제자리에서 공을 놓고 발바닥으로 공을 당긴 다음 다른 발로 인사이드 헛다리로 속인다고 생각하고 실시한다. 2. 이때 천천히 실시하고 속일 수 있도록 몸도 많이 사용한다. 3. 반대발도 실시한다. 4. 드리블해서 앞으로 이동하면서 실시한다. **고학년** 1. 콘을 놓고 콘을 수비라 생각하고 피하는 척한다. 2. 지도자가 앞에 서 있고 수비라고 생각하고 속임수를 한다. 3. 상대방 짝을 정해 서로 마주보고 있다가, 한 사람은 드리블해서 속임수를 하고 반대쪽 사람은 달려와서 뺏는 척 수비를 한다. 4. 1:1게임에서 이 기술만 사용해서 상대방을 속여 게임을 한다.

놀이를 통한 훈련

공 먼저 차지하기 (1단계:가운데 공, 2단계:양쪽에 공)

준비	* 축구공 1개, 사람 2명, 접시콘 1개
인원	* 10명 이상
방법	 앞으로 1  앞으로 2  뒤로 1  뒤로 2

방법	

엎드려서

저학년
1. 접시콘 위에 공을 올려놓는다.
2. 2명이 공을 잡을 수 있는 거리로 서로 마주보고 선다.
3. 지도자가 "잡어" 하면 잡으면 이기는 게임이다.
4. 지도자는 "잡어"를 하기 전에 머리, 어깨, 무릎 등으로 혼돈을 유도해서 재미있게 진행을 한다.

고학년
1. 지도자는 "잡어"를 하기 전에 생쥐뛰기, 거인뛰기, 나비체조 등으로 혼돈을 유도해서 반응력을 키워준다.

경찰과 도둑 게임

준비	* 축구공 1개, 사람 2명, 왕콘 4개
인원	* 10명 이상

방법

공 없이 1

공 없이 2

드리블하면서 1

드리블하면서 2

저학년
1. 콘을 네모 모양으로 놓는다.
2. 2명이 가위바위보해서 이긴 사람이 경찰이 되고, 진 사람은 도둑이 되어 도망간다.
3. 경찰은 방향전환을 실시해서 몸으로 속이는 동작을 연습하도록 하고, 안 될 경우에는 지도자가 시범으로 몇 번 실시한다.

고학년
1. 경찰과 도둑을 정하고 이제는 공으로 드리블하면서 실시한다.
2. 경찰은 방향 전환을 실시해서 몸으로 속이는 동작을 연습하도록 하고, 안 될 경우에는 지도자가 시범으로 몇 번 실시한다.
3. 드리블을 할 때 미션으로 아웃사이드드리블만 실시, 발바닥 드리블만 실시 등 여러 가지 미션으로 진행한다.

자유드리블 게임

준비	* 각자 축구공 1개, 사람 5명, 콘 4개
인원	* 10명 이상
방법	 **저학년** 1. 콘을 네모 모양으로 놓는다. 2. 공을 각자 1개씩 가지고 네모 콘 안으로 들어가서 자유롭게 드리블한다. 3. 게임규칙은 서로 공, 사람이 부딪치면 아웃되는 게임이다. 3번 아웃되면 게임이 끝난다. 네모 밖으로 나가도 아웃이다. 4. 처음에는 인사이드 꽃게드리블로 시작하고, 선생님이 들어가서 뺏기도 할 수 있다. 5. 지도자의 지시에 따라 움직일 수도 있다. 　(발바닥 정지, 엉덩이 정지, 정강이 정지 등) **고학년** 1. 콘을 네모 모양으로 놓는다. 2. 공을 각자 1개씩 가지고 드리블하다가 상대방을 밖으로 차내고 내 공은 보호하는 게임이다. 최후에 남은 사람이 챔피언이다. 3. 여러 가지 드리블을 실시할 수도 있다. 4. 인원에 따라 네모 모양의 크기를 조절할 수 있다.

꼬리잡기 게임

준비	* 각자 축구공 1개, 사람 6명, 콘 4개, 조끼
인원	* 10명 이상
방법	  공 없이 　　　　　　　　　　　드리블하면서 **저학년** 1. 콘을 네모 모양으로 놓는다. 2. 조끼를 자기 엉덩이 뒤에 넣고, 상대방의 조끼를 빼면 이기는 게임이다. 3. 오렌지팀, 연두팀으로 나누어 실시한다. 4. 인원을 1:1도 할 수 있고, 여러 명이 동시에 할 수도 있다. **고학년** 1. 콘을 네모 모양으로 놓는다. 2. 처음에는 조끼만 입고 하다가 나중에는 공을 드리블하면서 조끼 빼기 게임으로 진행한다. 3. 자유드리블의 확장 훈련이다. 4. 1:1게임도 가능하고 여러 명이 함께 팀 게임도 가능하다.

한 바퀴 돌고 와서 잡기 게임

준비	* 각자 축구공 1개, 6명, 각자 콘1개
인원	* 10명 이상
방법	   **저학년** 1. 콘을 동그라미모양으로 놓는다. 2. 각자 콘 위에 공을 올려놓고 지도자가 신호를 주면 돌아와서 자기 자리에 있는 공을 다시 잡고 만세를 부르는 사람이 이기는 게임이다. 3. 지도자가 출발시킬 때 왼쪽과 오른쪽을 헷갈리게 해서 재미를 더한다. **고학년** 1. 콘을 동그라미 모양으로 놓는다. 2. 지도자가 시작을 하고 "반대"라는 신호가 나오면 달려가던 반대 방향으로 간다. 3. 동그라미 콘 대형 가운데에 왕콘을 놓고, 빨리 돌아오는 사람이 공을 발로 차서 콘을 먼저 맞추는 게임을 한다.

볼링 게임

준비	* 각자 축구공 1개, 사람 1명, 각자 콘 1개
인원	* 10명 이상
방법	 **저학년** 1. 왕콘이나 공을 벽이나 골대 앞에 옆으로 일렬로 놓는다. 2. 공으로 콘을 맞춰 쓰러뜨리면 다시 세우고 2단계로 조금 더 뒤로 가서 콘을 맞추는 연습을 한다. 3. 콘으로 거리 단계표시를 실시한다. **고학년** 1. 왕콘을 벽이나 골대 앞에 옆으로 일렬로 놓는다. 2. 처음엔 인사이드만 실시하고 잘하게 되면 인스텝 킥도 실시한다.

바 위로 넘고 드리블

준비	* 각자 축구공 1개, 사람 1명, 왕콘 6개, 바 3개
인원	* 10명 이상
방법	  옆으로 돌기1　　　　　　　　옆으로 돌기2

저학년
1. 왕콘 2개 위에 바 1개를 올려놓고 3세트를 만든다.
2. 공은 바 밑으로 보내고 사람은 위로 점프해서 다시 공을 잡고 드리블한다.
3. 드리블게임으로 이어 진행하면 재미를 줄 수 있다.

고학년
1. 공은 바 밑으로 보내고 사람은 콘 옆으로 가서 다시 공을 잡고 드리블한다.
2. 반대쪽도 실시한다.

다리 사이로 패스하기

준비	* 축구공 1개, 사람 3명, 콘 3개
인원	* 10명 이상

저학년
1. 3명이 실시하고, 2명이 패스를 하는 사이에 가운데 1명은 다리를 벌리고 서 있다.
2. 처음엔 리시브할 때 발바닥으로 잡고 패스하고, 나중에 논스톱으로 직접 패스한다.
3. 가운데 사람이 다치지 않도록 너무 강하게 차지 않는다.

고학년
1. 패스하고 다른 콘을 돌아와서 다시 패스하는 연습을 한다. 리시브할 때는 처음엔 공을 멈췄다가 실시하고, 잘되면 논스톱을 실시한다.
2. 반대발도 실시한다.

지그재그 후 공 먼저 차지하기

준비	* 축구공 1개, 사람 2명, 콘 10개
인원	* 10명 이상
방법	**저학년** 1. 호랑이팀, 사자팀 2팀으로 나눈다. 2. 콘은 5개씩 1m 간격으로 놓고, 끝 가운데에 공 1개를 놓는다. 3. 출발신호를 주면 2명이 콘 사이로 지그재그 달리기 후 공을 먼저 잡는 사람이 이기는 게임이다. **고학년** 1. 콘과 공은 그대로 놓고 달리기 대신 공을 발로 드리블한 후 공을 먼저 잡으면 이기는 게임이다. 2. 이때 조끼를 입히고 실시하면 팀 구분이 되어 진행하기가 편하다.

패스해 주면 지그재그 후 공 먼저 차지해서 슈팅

준비	* 축구공 1개, 사람 1명, 콘 10개
인원	* 10명 이상
방법	   **저학년** 1. 호랑이팀, 사자팀 2팀으로 나눈다. 2. 콘은 5개씩 1m 간격으로 놓고, 끝 가운데에 축구골대를 세워놓는다. 3. 출발신호를 주면 2명이 콘 사이로 지그재그 달리기 후, 지도자가 공을 콘 사이로 패스를 해주면 먼저 공을 차지해서 슈팅을 먼저 하면 이기는 게임이다. **고학년** 1. 지그재그 달리기를 뒤로 실시, 한 발로 뛰기, 사이드스텝뛰기 등 다양하게 실시할 수도 있다. 2. 이때 조끼를 입고 실시하면 팀 구분이 되어 진행하기가 편하다.

신발 멀리 날리기

준비	* 사람 1명, 신발
인원	* 10명 이상
방법	  **저학년** 1. 신발을 벗어서 꺾어 신는다. 그리고 신발을 누가 멀리 보내나 하는 게임이다. **고학년** 1. 신발을 벗어서 꺾어 신는다. 그리고 골대에 풍선을 매달아 놓고 맞추는 게임을 한다. 2. 반대쪽 발도 실시한다.

공 전달 게임

준비	* 축구공 1개, 사람 5명
인원	* 10명 이상
방법	  **저학년** 1. 일렬로 앞사람을 보고 선다. 그리고 공을 맨 앞사람이 뒷사람에게 전달해서 먼저 도착하면 이기는 게임이다. 2. 보내는 방법 : 옆으로 전달하기, 다리 밑으로 전달하기, 머리 위로 전달하기 **고학년** 1. 발바닥으로 굴려서 전달한다. 2. 반대쪽 발도 실시한다.

술래 게임

준비	* 축구공 1개, 사람 5명
인원	* 10명 이상
방법	   **저학년** 1. 먼저 4명이 5m 간격으로 서 있고, 가운데에 지도자가 수비 역할을 한다. 2. 저학년들은 공을 지도자한테 빼앗기지 않도록 인사이드로 옆 사람에게 패스를 실시한다. **고학년** 1. 저학년과 같은 방법으로 실시하되 공을 뺏는 수비가 지도자 대신 고학년으로 하면 된다. 2. 공을 가운데 있는 수비한테 빼앗기면 그 사람이 술래가 되는 게임이다.

손잡고 드리블

준비	* 축구공 1개~2개, 사람 2명~3명, 콘 4개
인원	* 10명 이상
방법	 **저학년** 1. 먼저 2명이 손을 잡고 공을 1개만 가지고 너 한 번, 나 한 번 드리블을 실시하면서 반환점을 먼저 돌아오는 게임이다. 2. 2단계는 2명이 손을 잡고 공을 각 1개씩 가지고 드리블하면서 반환점을 돌아오는 게임이다. **고학년** 1. 이때 손을 놓치면 지는 게임이다. 2. 인원을 여러 명으로 하고 각자 공을 1개씩 가지고 드리블하면서 반환점을 돌아온다.

체인 드리블

준비	* 축구공 2개, 사람 2명, 콘 2개
인원	* 10명 이상

저학년
1. 먼저 2명이 각자 공을 가지고 서로 마주보고 서 있다가 출발 신호가 나오면 같이 공을 드리블하면서 출발한다.
2. 중간 지점, 서로 마주치는 지점에서 체인처럼 서로 1바퀴 돌고 다시 제자리로 돌아온다.

고학년
1. 중간 지점에서 2바퀴 이상 돌고 다시 제자리로 돌아온다.

럭비 축구

준비	* 축구공 1개, 사람 10명, 조끼
인원	* 10명 이상
방법	  

저학년
1. 럭비처럼 공을 들고 가서 우리 편 골대에 패스해 주면 골로 인정해준다.
2. 공을 들고 가다가 상대팀이 터치하면 공은 상대방 공이 된다.
3. 심판이 정확하게 어느 팀 공인지 알려줘야 진행이 원활하게 된다.
4. 골대는 우리 편이 서 있고, 패스를 받으면 골인이다.

고학년
1. 럭비처럼 손으로 공을 들고 가다가 상대팀에게 빼앗기지 말고 우리 편에게 주고 헤딩으로 다시 패스를 받으면 1점으로 인정해준다.
2. 대신 너무 가까이에서 하면 반칙이다.

골대 2개 축구게임

준비	* 축구공 1개, 사람 10명, 콘 8개, 조끼
인원	* 10명 이상
방법	  

저학년
1. 골대를 팀별로 왼쪽에 1개, 오른쪽에 1개씩, 2개를 만들고 경기를 시작하면 상대방 골대 2개 아무데나 골을 넣으면 된다.
2. 골키퍼는 1명으로 한다.

고학년
1. 저학년과 같은 방법으로 경기를 진행하고 공만 2개로 진행한다.

1:1 게임

준비	* 축구공 1개, 사람 2명, 조끼, 왕콘
인원	* 10명 이상
방법	 **저학년** 1. 1:1게임이다. 콘 1개가 자기 골대이고 상대방 콘을 맞추면 1점이 된다. 2. 골키퍼는 없고 공격과 수비만 가능하다. **고학년** 1. 사람은 1:1이고 골대를 왕콘으로 1개씩 2골대를 만들어서 아무 골대나 맞추면 점수가 인정되는 게임이다. 2. 골키퍼는 없고 공격과 수비만 가능하다.

무궁화 꽃이 피었습니다

준비	* 축구공 1개, 사람 1명
인원	* 10명 이상
방법	 **저학년** 1. 1명이 술래가 되어 "무궁화 꽃이 피었습니다"하면 나머지 사람들은 공 1개씩을 드리블하면서 술래한테 가다가 "무궁화 꽃이 피었습니다"가 끝나면 동작도 멈추고 공도 브레이크를 해야 한다. **고학년** 1. 드리블 방법을 발등, 인사이드, 아웃사이드, 꽃게, 계란뽀뽀, 발바닥드리블 등 여러 가지로 응용해서 게임을 진행한다.

드리블 훈련

무지개 대형 드리블

준비	* 축구공 1개, 사람 1명, 조끼, 콘 10개 이상
인원	* 10명 이상
방법	  **저학년** 1. 콘을 2줄로 해서 무지개 모양으로 대형을 만든다. 그리고 콘과 콘 사이로 드리블을 실시한다. 2. 7세 이하에서 실시하면 적당하다. **고학년** 1. 발등 드리블, 인사이드 드리블, 아웃사이드 드리블 등 여러 가지 방법으로 드리블 훈련을 한다.

1자 대형 드리블

준비	* 축구공 1개, 사람 1명, 조끼, 콘 10개 이상
인원	* 10명 이상
방법	  인사이드 　　　　　　　　　아웃사이드   **저학년** 1. 콘 10개를 일렬로 1m 간격으로 놓고 그 사이를 드리블로 통과한다. 　　－ 인사이드, 아웃사이드 **고학년** 1. 저학년과 동일한 방법으로 실시한다. 　　－ 인 아웃 드리블, 발바닥 드리블 　　－ 콘 한 바퀴 돌면서 드리블

네모 대형 드리블

준비	* 축구공 1개, 사람 1명, 콘 4개
인원	* 10명 이상
방법	 **저학년** 1. 콘 4개로 5m 간격으로 사각형을 만든다. 　- 콘 밖으로 드리블한다. 　- 콘을 한 바퀴 돌고 드리블한다. 　- 인사이드, 아웃사이드 **고학년** 1. 콘 앞에서 속임수 한 후 드리블한다. 　- 인사이드, 아웃사이드, 뒤로 인사이드, 헛다리, 마르세유, 슛하는 척

세모 대형 드리블

준비	* 축구공 1개, 사람 1명, 콘 3개
인원	* 10명 이상
방법	 **저학년** 1. 콘 3개로 5m 간격으로 삼각형을 만든다. 　– 콘 밖으로 드리블한다. 　– 콘을 한 바퀴 돌고 드리블한다. 　– 인사이드, 아웃사이드 **고학년** 1. 콘 앞에서 속임수 한 후 드리블한다. 　– 인사이드, 아웃사이드, 뒤로 인사이드, 헛다리, 마르세유, 슛하는 척

지그재그 대형 드리블

준비	* 축구공 1개, 사람 1명, 콘 5개
인원	* 10명 이상
방법	 **저학년** 1. 콘 5개로 5m 간격으로 지그재그 대형을 만든다. 　– 콘 밖으로 드리블한다. 　– 콘을 한 바퀴 돌고 드리블한다. 　– 인사이드, 아웃사이드 **고학년** 1. 콘 앞에서 속임수 한 후 드리블한다. 　– 인사이드, 아웃사이드, 뒤로 인사이드, 헛다리, 마르세유, 슛하는 척

양쪽+가운데 대형 드리블

준비	* 축구공 1개, 사람 1명, 콘 3개
인원	* 10명 이상
방법	 **저학년** 1. 콘 3개로 5m 간격으로 놓고 1사람씩 드리블을 한다. 　- 콘을 한 바퀴 돌고 드리블한다. 　- 인사이드, 아웃사이드 **고학년** 1. 콘 앞에서 속임수 한 후 드리블한다. 　- 인사이드, 아웃사이드, 뒤로 인사이드, 헛다리, 마르세유, 슛하는 척

지뢰밭 드리블

준비	* 축구공 1개, 사람 4명, 콘 30개
인원	* 10명 이상
방법	 **저학년** 1. 콘 30개로 50cm 간격으로 자유대형을 만들고 콘 사이를 드리블해서 통과하는 게임이다. 2. 한사람씩 출발해서 콘에 공이 닿으면 다시 맨 뒤로 가는 게임이다. **고학년** 1. 저학년과 동일한 방법으로 실시한다.

패스 훈련

손으로 패스(굴리기 패스, 제자리 언더 패스, 꽃게 달리기하면서 패스)

준비	* 축구공 1개, 사람 2명
인원	* 10명 이상
방법	 
방법	**저학년** 1. 굴리기 패스 : 앉아서 상대방과 적당한 거리를 두고 손으로 굴려서 패스한다. 2. 이동 굴리기 패스 : 앞으로 이동하면서 손으로 굴리기 패스를 한다. **고학년** 1. 제자리에서 언더패스 : 상대방과 적당한 거리를 두고 언더패스로 주고받기를 한다. 공을 정확히 주시한다. 2. 꽃게 달리기하면서 패스 : 옆으로 꽃게스텝 달리기를 하면서 앞사람에게 언더 패스를 실시한다.

스로인 패스

준비	* 축구공 1개, 사람 2명
인원	* 10명 이상
방법	 **저학년** 1. 2명이 서로 마주보고 서서 스로인 패스를 실시한다. 2. 머리 위에서 실시하고 다리를 들지 않도록 규칙을 설명하고 실시한다. **고학년** 1. 처음엔 가까이에서 실시하고 점점 멀리 가면서 실시한다.

2인 1조 패스

준비	* 축구공 1개, 사람 2명
인원	* 10명 이상

방법	 

	저학년
	1. 발바닥 브레이크 후 패스
	  - 오는 공을 발바닥으로 브레이크 후 거인 발 해서 패스한다.
	2. 인사이드 브레이크 후 패스
	  - 오는 공을 인사이드로 브레이크 후 거인 발 해서 패스한다.
	3. 아웃사이드 브레이크 후 패스
	  - 오는 공을 아웃사이드로 브레이크 후 거인 발 해서 패스한다.
	
	고학년
	1. 인사이드 방향전환 후 패스
	  - 오는 공을 인사이드로 반대 방향으로 방향전환 후 패스한다.
	  - 오는 공을 인사이드로 같은 방향으로 방향전환 후 패스한다.
	2. 아웃사이드 방향전화 후 패스
	  - 오는 공을 아웃사이드로 방향전환 후 패스한다.
	3. 수비 확인 후 패스
	  - 오는 공을 패스하기 전에 수비가 있는지 없는지 눈으로 확인하는 동작을 취하고 패스한다.
	5. 논스톱 패스
	  - 오는 공을 인사이드로 논스톱 패스한다.
	6. 자리 바꾸기 패스
	  - 오는 공을 인사이드로 받아 앞으로 드리블해서 반대편으로 이동하고, 패스를 해준 사람은 상대방 자리로 가서 다시 패스를 상대방에게 해준다.

왔다 갔다 패스

준비	* 축구공 1개, 사람 2명, 콘 3개
인원	* 10명 이상
방법	**저학년** 1. 한 명은 제자리에서 패스하고, 한 명은 적당한 거리를 왔다 갔다 하면서 패스한다. 　- 브레이크 후 패스 　- 논스톱 패스 **고학년** 1. 20회 하고 임무를 바꿔서 실시한다.

백패스

준비	* 축구공 1개, 사람 2명
인원	* 10명 이상
방법	 **저학년** 1. 2명이 짝이 되어 앞 사람이 공을 가지고 드리블하다가 뒷사람이 패스 해달라고 하면 발바닥으로 뒤로 패스한다. 패스를 해 준 사람은 다시 공을 가진 사람을 따라가고 공을 받은 사람은 반대 방향으로 드리블하다가 다시 따라 오는 사람에게 백패스를 한다. 2. 서로의 거리는 5m 정도로 한다. **고학년** 1. 동일한 방법으로 실시한다.

시계패스

준비	* 축구공 1개, 사람 2명
인원	* 10명 이상

방법	

	저학년
	1. 한 명은 가운데 제자리에서 패스하고, 한 명은 시계바늘처럼 원을 그리면서 패스한다.
	  - 시계바늘이 브레이크, 가운데 사람은 논스톱 후 패스
	  - 시계바늘이 논스톱, 가운데 사람은 브레이크 후 패스
	
	고학년
	1. 방향을 바꿔서 왼쪽 발도 패스한다.

쌍둥이 패스

준비	* 축구공 2개, 사람 4명, 콘 4개
인원	* 10명 이상
방법	    **저학년** 1. 2명씩 짝을 짓고 서로 2m 간격으로 서서, 2명은 공을 가지고 있는다. 2. 먼저 2명이 앞으로 동시에 패스를 하고, 패스한 사람들은 서로 자리를 쌍둥이처럼 동시에 바꾼다. 3. 그리고 공을 받을 때는 발바닥 브레이크로 받고, 다시 앞 사람에게 패스하고 자리를 바꾸는 것을 반복한다. **고학년** 1. 공을 받고 패스할 때 논스톱으로 실시한다.

3명 패스

준비	* 축구공 2개, 사람 3명
인원	* 10명 이상
방법	   

저학년
1. 제자리에서 3m 간격으로 3명이 1열로 선다.
2. 공은 가운데 사람만 빼고 2명이 가지고 있는다.
3. 양쪽 끝에 있는 사람은 공을 가지고 1명씩 가운데로 패스를 주고받는다.
4. 서로 자리를 바꾸면서 패스하는 발도 바꾸면서 실시한다.

고학년
1. 이동하면서 실시한다.

3명 자리 바꾸기 패스

준비	* 축구공 1개, 사람 3명
인원	* 10명 이상
방법	   

저학년
1. 3명이 나란히 서고, 가운데 사람이 공을 가지고 한쪽 사람에게 패스를 하고 한쪽 끝으로 간다.
2. 패스를 받은 사람은 다시 반대편 쪽으로 패스하고 패스한 쪽으로 가서 패스를 기다린다.

고학년
1. 이동하면서 실시한다.

패스하고 콘 돌아오기

준비	* 축구공 1개, 사람 2명, 콘 8개
인원	* 10명 이상
방법	   

저학년
1. 콘 4개를 자기 주위에 놓고, 패스를 하고 자기 옆 콘을 1개씩 돌아온다.
2. 패스를 받은 사람도 공을 브레이크 한 후에 사람을 보고 패스하고 콘을 돌아온다.

고학년
1. 패스를 하는 동안 우리 편은 사이드에서 공을 따라 다니면서 "여기"라고 외치며 공을 달라고 한다.
2. 우리 편이 4명이다.

드리블 후 패스

준비	* 축구공 2개, 사람 2명, 콘 5개
인원	* 10명 이상
방법	    **저학년** 1. 처음엔 콘 4개를 지그재그 드리블로 통과하고 돌아서서 다음 사람에게 패스하고, 패스한 자리에 있는 공을 가지고 다시 앞으로 드리블해서 반환점을 돌아온다. 2. 패스를 받은 다음 사람은 동일한 방법으로 지그재그 드리블 후 다음사람에게 패스한다. **고학년** 1. 드리블하는 방법은 여러 가지로 응용한다. - 인사이드, 아웃사이드, 인아웃, 인사이드 2번, 아웃사이드 2번

인사이드 회전 연습하기

준비	* 축구공 1개, 사람 2명
인원	* 10명 이상
방법	 **저학년** 1. 자기가 들고 차기 　자기가 공을 들고 킥해서 인사이드로 회전을 주는 연습을 한다. **고학년** 1. 내려놓고 롱 킥 연습하기 　공을 내려놓고 킥해서 콘과 콘 사이를 통과하게 한다.

롱킥 연습

준비	* 축구공 1개, 사람 2명
인원	* 10명 이상

방법	**저학년**
	1. 2명이 짝이 되어 15m 간격으로 마주보고 서서 킥 연습을 한다.
	
	고학년
	1. 다양한 훈련방법
	  - 땅볼 패스
	  - 띄워 차기
	  - 인사이드, 아웃사이드, 인프런트, 인스텝

런닝 패스

준비	* 축구공 1개, 사람 2명
인원	* 10명 이상
방법	   크로스 패스1 크로스 패스2 **저학년** 1. 2명이 짝이 되어 3m 간격으로 서서 앞으로 달려가면서 패스를 실시한다. - 인사이드, 아웃사이드, 논스톱, 드리블 후 패스 **고학년** 1. 크로스 패스 : 2명이 짝이 되어 상대방에게 패스하고 상대방 쪽으로 가서 다시 패스를 받는다. 패스를 받은 사람은 드리블해서 상대방 쪽으로 가서 다시 패스한다.

3인 1조 패스

준비	* 축구공 1개, 사람 3명
인원	* 10명 이상
방법	**저학년** 1. 3명이 5m 간격으로 서서 맨 왼쪽에 있는 사람이 가운데 사람에게 패스하고 가운데 사람은 맨 오른쪽 사람에게 패스하고 마지막으로 처음 사람에게 높이 크로스 패스한다. **고학년** 1. 앞으로 이동하면서 실시한다.

월 패스

준비	* 축구공 1개, 사람 1명
인원	* 10명 이상
방법	    **저학년** 1. 지도자에게 공을 패스하고 다시 받아서 드리블해서 콘을 돌아와 다시 지도자에게 패스하고 공을 받아 제자리로 돌아오면 된다. 그리고 다음 사람이 출발하면 된다. **고학년** 1. 1명이 지도자가 되어 10명을 도와준 후 다시 다른 사람도 지도자가 되어 본다.

공중 패스

준비	* 축구공 1개, 사람 2명
인원	* 10명 이상
방법	  인사이드 / 발등   헤딩 1 / 헤딩 2 **저학년** 1. 자기가 던지고 패스 : 인사이드, 발등, 헤딩 2. 지도자가 던져주고 패스 : 인사이드, 발등, 헤딩 **고학년** 1. 선수끼리 던져주고 패스 : 인사이드, 발등, 헤딩 2. 이동하면서 던져주고 패스 : 인사이드, 발등, 헤딩 3. 자리 바꾸고 패스 : 인사이드, 발등, 헤딩

슈팅 훈련

정지 슈팅

준비	* 축구공 1개, 사람 1명, 접시콘 1개
인원	* 10명 이상

방법	 

	저학년
	1. 공을 접시콘 위에 올려놓고 마지막 발은 크게 해서 하는 "거인 발" 연습을 한다.
	2. 디딤발은 공보다 약간 앞으로 가게 하는 "앞에 발"로 가르친다.
	3. 처음엔 차지 않고 실시하고 나중엔 공을 차는 연습을 한다.
	4. 인스텝 킥을 연습한다.
	
	고학년
	1. 팔을 벌려 균형을 잡으면서 연습한다.
	2. 슈팅을 한 후에 센터링과 슈팅의 차이를 설명한다.
	   - 센터링 : 찬 발이 땅에 먼저 떨어지지 않는다.
	   - 슈팅 : 찬 발이 땅에 먼저 떨어진다.

드리블 슈팅

준비	* 축구공 1개, 사람 1명, 접시콘, 왕콘
인원	* 10명 이상
방법	   **저학년** 1. 한 줄로 서서 지도자가 출발 신호를 주면 본인이 혼자 드리블해서 거인 슈팅을 실시한다. 2. 돌아올 때는 슈팅에 방해되는 않게 옆에 콘을 지그재그 드리블하면서 온다. 　– 콘 사이 통과 후 슈팅 　– 콘 앞에서 속임수 후 슈팅 　– 지그재그 드리블 후 슈팅 　– 지도자 앞에서 속임수 후 슈팅 **고학년** 1. 저학년과 동일하게 실시한다. 　– 인사이드 킥, 인스텝 킥, 반대쪽 발도 슈팅을 실시한다.

패스 해주면 달려가면서 슈팅

준비	* 축구공 1개, 사람 1명, 지도자, 접시콘, 왕콘
인원	* 10명 이상
방법	  

저학년
1. 한 줄로 서서 지도자가 골대 쪽 앞으로 패스해주면 달려가서 거인 슈팅을 실시한다.
2. 돌아올 때는 슈팅에 방해되지 않게 콘 사이를 지그재그 드리블하면서 돌아온다.

고학년
1. 저학년과 동일하게 실시한다.
   - 콘 사이 통과 후 슈팅
   - 콘 앞에서 속임수 후 슈팅

골대 쪽에서 패스해 주면 슈팅

준비	* 축구공 1개, 사람 1명, 지도자, 접시콘, 왕콘
인원	* 10명 이상
방법	   **저학년** 1. 공은 골대 쪽에 다 모아놓고, 사람은 골대 반대편 쪽에 한 줄로 서 있는다. 2. 지도자가 골대 쪽에서 패스해 주면 달려와서 슈팅을 하고 공은 다시 지도자 있는 골대 쪽에 정리해 놓는다. 　　- 지그재그로 콘 통과 후 슈팅 　　- 인사이드, 인스텝 등 슈팅 방법을 바꿔본다. **고학년** 1. 저학년과 동일한 방법으로 한다. 　　- 몸 속임수 후 슈팅 　　- 인사이드 속임수 후 슈팅 　　- 아웃사이드 속임수 후 슈팅 　　- 여러 가지 속임수 후 슈팅

드리블 후 골키퍼를 속인 후 슈팅하고 골키퍼 하기

준비	* 축구공 1개, 사람 2명, 접시콘
인원	* 10명 이상
방법	    **저학년** 1. 골대 쪽에 골키퍼 1명이 있고, 반대편 10m 지점에 한 줄로 서서 드리블을 1명씩 하면서 골키퍼와 1:1 뺏기를 하고 슈팅한다. 2. 슈팅한 사람은 골키퍼가 돼서 다음 사람이 슈팅하려 할 때 막는다. 3. 골키퍼를 했던 사람은 공을 가지고 골대 반대편으로 가서 줄을 선다. **고학년** 1. 저학년과 동일한 방법으로 한다.

패스 받아 뒤로 턴해서 슈팅

준비	* 축구공 1개, 사람 1명, 접시콘
인원	* 10명 이상
방법	   

저학년
1. 골대에서 10m 지점에서 골대를 등지고 한 줄로 공을 가지고 서 있는다.
2. 지도자는 공을 패스를 받아 다시 패스를 해주면 받은 사람은 턴해서 슈팅을 한다.
   - 인사이드 턴
   - 아웃사이드 턴
   - 수비 확인 후 턴

고학년
1. 턴하는 사람 양 옆에 콘을 놓고 콘이 수비라고 생각하고 턴한 후 슈팅한다.

패스하고 다시 받아 슈팅

준비	* 축구공 1개, 사람 1명, 접시콘
인원	* 10명 이상

방법	 

	저학년
	1. 골대에서 15m 떨어져서 공을 1개씩 가지고 한 줄로 서 있고, 골대와 사람 사이에 지도자가 서 있는다.
	2. 공을 가진 사람은 지도자에게 패스하고 오른쪽으로 달려가면서 패스를 받아 슈팅한다.
	3. 돌아올 때는 슈팅하는 공에 맞지 않도록 반대쪽에 콘을 놓고 지그재그 드리블하면서 돌아온다.
	
	고학년
	1. 반대쪽 발도 실시한다.
	   – 논스톱 슈팅
	   – 드리블 후 슈팅

패스하고 지그재그 달리기 후 슈팅

준비	* 축구공 1개, 사람 1명, 접시콘
인원	* 10명 이상
방법	    **저학년** 1. 골대 반대편에 한 줄로 서서 지도자에게 공을 패스 한 후 콘 사이사이를 지그재그 달리기 후 패스를 받아 슈팅한다. **고학년** 1. 콘을 통과하는 방법을 여러 가지로 해 본다. 　- 한 발로 점프 한 후 슈팅 　- 토끼 점프 한 후 슈팅 　- 뒤로 지그재그 후 슈팅 　- 사이드 스텝 후 슈팅

패스하고 사다리 달리기 후 슈팅

준비	* 축구공 1개, 사람 1명, 접시콘, 사다리
인원	* 10명 이상
방법	   **저학년** 1. 골대 반대편에 한 줄로 서서 지도자에게 공을 패스한 후 사다리를 통과 후 패스를 받아 슈팅한다. **고학년** 1. 사다리를 통과하는 방법을 여러 가지로 해 본다. 　　- 한 발로 점프한 후 슈팅 　　- 토끼 점프한 후 슈팅 　　- 사이드 스텝 후 슈팅 　　- 뒤로 사이드 스텝 후 슈팅

기타 훈련

트래핑

준비	* 축구공 1개, 사람 2명
인원	* 10명 이상
방법	가슴 / 허벅지 / 발등 / 헤딩

방법	**저학년**
	1. 지도자가 던져주고 트래핑 : 가슴, 허벅지, 발등, 인사이드, 헤딩
	   – 처음엔 직선으로 낮게 던져주고, 숙달이 되면 위로 높이 던져준다.
	   – 처음엔 트래핑하고 바운드되면 패스, 숙달이 되면 바로 패스한다.
	
	고학년
	1. 선수끼리 던져주고 트래핑 : 가슴, 허벅지, 발등, 인사이드, 헤딩

리프팅

준비	* 축구공 1개, 사람 1명
인원	* 10명 이상
방법	 발등　　 허벅지  헤딩

저학년
1. 발등 리프팅
   - 땅에 튕기고 발등으로 차고 다시 손으로 잡는다.
   - 땅에 튕기지 않고 발등으로 차고 다시 손으로 잡는다.
   - 땅에 튕기면서 발등으로 연속차기
   - 땅에 튕기지 않고 발등으로 연속차기

고학년
1. 허벅지 리프팅
2. 헤딩 리프팅
   처음엔 1회씩 실시하다가 나중엔 연속으로 실시한다.

5장 축구 계획안

연간계획안 1

구분	1주	2주	3주	4주
3월	패스-스로인	슈팅-플레이스 킥	드리블링-인사이드1	리프팅-인스텝1
4월	패스-인사이드	슈팅-땅볼1	드리블링-인사이드2	트래핑-발바닥
5월	패스-아웃사이드	슈팅-땅볼2	드리블링-아웃사이드1	리프팅-인스텝2
6월	패스-인프런트	슈팅-트래핑	드리블링-아웃사이드2	트래핑-인사이드
7월	패스-아웃프런트	슈팅-드리블링	드리블링-인스텝1	리프팅-인사이드1
8월	패스-인스텝	슈팅-사이드 스텝	드리블링-인스텝2	트래핑-아웃사이드
9월	패스-힐킥	슈팅-인스텝 드라이브	드리블링-발바닥1	리프팅-인사이드2
10월	패스-토킥	슈팅-헤딩	드리블링-발바닥2	트래핑-허벅지
11월	패스-헤딩	리프팅-허벅지	페인팅-유연성	헤딩-스탠딩1
12월	리프팅-헤딩1	페인팅-드리블링	헤딩-스탠딩2	트래핑-가슴
1월	팀전술-공격 및 수비	페인팅-방향전환	헤딩-점핑	리프팅-헤딩2
2월	팀전술-포지션	종합훈련	종합훈련	종합훈련

연간계획안 2

월	주	월일	학습 주제	지도내용	준비물
3	1		드래그	발바닥을 이용한 감각 익히기	공, 콘
3	2		볼 터치	신체 여러 부위를 이용한 감각을 익힌다	공, 콘
3	3		저글링	저글링의 정확한 자세와 기술을 익힌다	공, 콘
3	4		저글링	공을 바닥에 닿지 않게 기술을 익힌다	공, 콘
4	1		인사이드 패스	발 안쪽을 이용한 패스와 자세 습득	공, 콘
4	2		인스텝 패스	발등을 이용한 패스와 자세 습득	공, 콘
4	3		아웃사이드 패스	발 바깥쪽을 이용한 패스와 자세 습득	공, 콘
4	4		롱 패스	긴 패스의 정확한 자세와 기술 습득	공, 콘
5	1		인사이드 컨트롤	발의 안쪽을 이용한 컨트롤기술 습득	공, 콘
5	2		아웃사이드컨트롤	발 바깥쪽을 이용한 컨트롤기술 습득	공, 콘
5	3		공중볼 컨트롤	공이 바닥에 닿기 전 컨트롤기술 습득	공, 콘
5	4		공중볼 컨트롤	발 외 부분의 컨트롤 기술 습득	공, 콘
6	1		인사이드 컷	발의 안쪽을 이용한 컷 기술 습득	공, 콘
6	2		아웃사이드컷	발의 바깥쪽을 이용한 컷 기술 습득	공, 콘
6	3		스톱 턴	구르는 공을 멈추며 돌아서는 기술 습득	공, 콘
6	4		크루이프 턴	크루이프 턴의 기술을 익힌다	공, 콘
7	1		기초기술 활용	센터링과 슈팅 연결하기	공, 콘
7	2		전술훈련 I	게임 중 패스연결 훈련	공, 콘
7	3		전술훈련 II	게임 중 공간이동 훈련	공, 콘
7	4		전술훈련 III	게임 중 패스와 슈팅 연결 훈련	공, 콘
9	1		볼과 친해지기	볼 적응훈련(트래핑 및 스톱핑)	공, 콘
9	2		친구와 함께하기	패스의 숙달(2인·3인 기초패스)	공, 콘
9	3		개인기술익히기 I	킥(Kick) 익히기(인스텝, 인사이드)	공, 콘
9	4		개인기술익히기 II	드리블과 페인팅	공, 콘

월	주	월일	학습 주제	지도내용	준비물
10	1		저글링	저글링의 정확한 자세와 기술을 익힌다	공, 콘
	2		슈팅훈련	드리블·장애물 통과 후 슈팅	공, 콘
	3		머리로 공 다루기	헤딩의 기본기술(볼감각, 패스 훈련)	공, 콘
	4		슈팅 완성하기	2인·3인 패스 후 슈팅하기	공, 콘
	5		기초기술 활용	지그재그, 삼각패스의 이동훈련	공, 콘
11	1		인사이드 컨트롤	발의 안쪽을 이용한 컨트롤기술 습득	공, 콘
	2		아웃사이드 컨트롤	발 바깥쪽을 이용한 컨트롤기술 습득	공, 콘
	3		공중볼 컨트롤	공이 바닥에 닿기 전 컨트롤기술 습득	공, 콘
	4		공중볼 컨트롤	발 외 부분의 컨트롤 기술습득	공, 콘
12	1		기초기술 활용	센터링과 슈팅연결하기	공, 콘
	2		전술훈련 I	게임 중 패스연결 훈련	공, 콘
	3		전술훈련 II	게임 중 공간이동 훈련	공, 콘
	4		전술훈련 III	게임 중 패스와 슈팅연결 훈련	공, 콘

연간계획안 3

프로그램명	방과후 축구교실	지도교사	
대상	학년 명	지도시수	60 시간
지도기간	20 년 월 일 – 월 일		
지도목표	축구의 기본기를 다지고 실전경기력을 높일 수 있다.		
차시별 지도 계획			

차시	주 제	학습 내용	비고
1	축구이해	축구의 역사, 특성과 효과	
2	킥	여러 가지 종류의 킥 연습	

차시	주 제	학습 내용	비고
3	킥	여러 가지 종류의 킥 연습	
4	드리블	페인트 동작과 드리블 연습	
5	드리블	페인트 동작과 드리블 연습	
6	트래핑	여러 가지 종류의 트래핑 연습	
7	헤딩	여러 가지 종류의 헤딩 연습	
8	패스	다양한 패스 익히기	
9	패스	다양한 패스 익히기	
10	슛	다양한 슈팅 연습	
11	슛	다양한 슈팅 연습	
12	스로인, 태클	스로인과 태클 요령 익히기	
13	공격, 수비	공격 및 수비 전술의 소개 및 연습	
14	공격, 수비	공격 및 수비 전술의 소개 및 연습	
15	간이게임	2:2, 3:3, 4:4 등 간이게임 실시	
16	간이게임	2:2, 3:3, 4:4 등 간이게임 실시	
17	간이게임	2:2, 3:3, 4:4 등 간이게임 실시	
18	게임 및 반성	게임을 통하여 플레이에 대한 감각을 익히기	
19	게임 및 반성	게임을 통하여 플레이에 대한 감각을 익히기	
20	게임 및 반성	게임을 통하여 플레이에 대한 감각을 익히기	
21	축구이해	축구의 역사, 특성과 효과	
22	킥	여러 가지 종류의 킥 연습	
23	킥	여러 가지 종류의 킥 연습	
24	드리블	페인트 동작과 드리블 연습	
25	드리블	페인트 동작과 드리블 연습	
26	트래핑	여러 가지 종류의 트래핑 연습	
27	헤딩	여러 가지 종류의 헤딩 연습	

차시	주제	학습 내용	비고
28	패스	다양한 패스 익히기	
29	패스	다양한 패스 익히기	
30	슛	다양한 슈팅 연습	
31	슛	다양한 슈팅 연습	
32	스로인, 태클	스로인과 태클 요령 익히기	
33	공격, 수비	공격 및 수비 전술의 소개 및 연습	
34	공격, 수비	공격 및 수비 전술의 소개 및 연습	
35	간이게임	2:2, 3:3, 4:4 등 간이게임 실시	
36	간이게임	2:2, 3:3, 4:4 등 간이게임 실시	
37	간이게임	2:2, 3:3, 4:4 등 간이게임 실시	
38	게임 및 반성	게임을 통하여 플레이에 대한 감각을 익히기	
39	게임 및 반성	게임을 통하여 플레이에 대한 감각을 익히기	
40	게임 및 반성	게임을 통하여 플레이에 대한 감각을 익히기	
41	축구이해	축구의 역사, 특성과 효과	
42	킥	여러 가지 종류의 킥 연습	
43	킥	여러 가지 종류의 킥 연습	
44	드리블	페인트 동작과 드리블 연습	
45	드리블	페인트 동작과 드리블 연습	
46	트래핑	여러 가지 종류의 트래핑 연습	
47	헤딩	여러 가지 종류의 헤딩 연습	
48	패스	다양한 패스 익히기	
49	패스	다양한 패스 익히기	
50	슛	다양한 슈팅 연습	
51	슛	다양한 슈팅 연습	
52	스로인, 태클	스로인과 태클 요령 익히기	

차시	주 제	학습 내용	비고
53	공격, 수비	공격 및 수비 전술의 소개 및 연습	
54	공격, 수비	공격 및 수비 전술의 소개 및 연습	
55	간이게임	2:2, 3:3, 4:4 등 간이게임 실시	
56	간이게임	2:2, 3:3, 4:4 등 간이게임 실시	
57	간이게임	2:2, 3:3, 4:4 등 간이게임 실시	
58	게임 및 반성	게임을 통하여 플레이에 대한 감각을 익히기	
59	게임 및 반성	게임을 통하여 플레이에 대한 감각을 익히기	
60	게임 및 반성	게임을 통하여 플레이에 대한 감각을 익히기	

연간계획안 4 : 초등

월별	생활지도 상장	기초체력	축구 중점	축구 세부내용
3월 4월 5월	인사 질서	달리기 → 콘(접시콘, 고깔콘, 허들콘) → 사다리 → 줄넘기	기본기술 훈련	선생님, 공과 친해지기
				킥, 패스 (5월 축구대회 개최)
				드리블, 리프팅
6월 7월	노력 협동			슈팅, 헤딩
				페인팅, 트래핑
8월	방학기간 – 실내체육(체육관)/실내축구(체육관) – 기초체력, 운동기능, 키즈요가, 협동요가, 협동게임, 줄넘기, 축구게임, 중학교내신			
9월 10월	규칙 협동	달리기→콘(접시콘, 고깔콘, 허들콘) →사다리→줄넘기	응용기술 훈련	공격, 수비, 1:1돌파
				경기 방법 (10월 축구대회 개최)
11월 12월	양보 우정		경기규칙	승부차기, 드로잉, 코너킥, 프리킥, 센터링
				게임
1월 2월	방학기간—실내체육(체육관)/실내축구(체육관) —기초체력, 운동기능, 키즈요가, 협동요가, 협동게임, 줄넘기, 축구게임, 중학교 내신			

연간계획안 5 : 유아

월별	생활지도 상장	중점	기초체력	세부내용
3월	인사	축구 +줄넘기	달리기 운동 콘 운동 사다리 운동 줄넘기 운동	– 공과 친구처럼 놀기 – 공놀이 – 자, 이제는 공을 차 보자 – 공을 차고, 몰고, 멈춘다 – 골을 넣자!
4월	인사	축구 +줄넘기		
5월	노력	축구 +줄넘기		
6월	노력	축구 +줄넘기		
7월	양보	실내체육 유아체육		
8월	양보	실내체육 유아체육		
9월	규칙	축구 +줄넘기		– 공과 친구처럼 놀기 – 공놀이 – 자, 이제는 공을 차 보자 – 공을 차고, 몰고, 멈춘다 – 골을 넣자!
10월	규칙	축구 +줄넘기		
11월	협동	축구 +줄넘기		
12월	협동	축구 +줄넘기		
1월	우정	실내체육 유아체육		
2월	우정	실내체육 유아체육		

연간계획안 6: 연령별

구분	중점	주차	6-7세	8-10세	11-13세
3	볼 적응	1	발바닥 공 뽀뽀하기	계란 던지고 받기	공 뺏기 게임
		2	팔자 돌리기	꽃게드리블	던지고 브레이크
		3	계란 발바닥 굴리기	공 보호하기	다리 사이에 끼고 점프
		4	공룡알 깨뜨리기	자고 있는 공 깨우기	킥 종류 알기

구분	중점	주차	6-7세	8-10세	11-13세
4	드리블	1	발바닥 드리블	아웃사이드 드리블	인사이드 드리블
		2	발바닥 뒤로 드리블	인/아웃 드리블	드리블+패스(2인1조)
		3	꽃게 드리블 게임	인사이드 원 드리블	아웃사이드 원 드리블
		4	콘 돌아오기 게임	콘 돌아오고 패스(1줄 기차)	드리블+패스(1줄 기차)
5	패스	1	스로인 패스	굴리기 패스	인사이드 패스
		2	아웃사이드 패스	콘 사이로 패스	앉아 있다가 패스
		3	러닝 패스	크로스 패스	좌우 움직이면서 패스
		4	브레이크 후 패스	논스톱 패스	패스 종류 알기
6	슛	1	로켓 슛	인스텝 슛	터닝 슛
		2	대포 알 슛	헤딩 슛	패스 받아 드리블 슛
		3	인사이드 슛	패스하고 콘 지그재그 돌아서 슛	트래핑 후 슛
		4	콘 사이로 지그재그 슛	패스 후 뒤로 돌아 슛	발리 슛
7	리프팅	1	1번 튀기고 발등차기	한 발로 연속차기	두발 연속차기
		2	1번 튀기고 차고 받기	헤딩해 보기	높이차기
		3	차고 받기	헤딩 1번 하고 받기	헤딩 연속 리프팅
		4	허벅지로 차보기	허벅지로 차고 받기	허벅지 연속 리프팅
8	실내수업		체력 평가/규칙지키기 자기 평가/운동기능 평가/줄넘기 평가/키즈요가/협동요가/협동게임 평가		
9	트래핑	1	발바닥 브레이크		
		2	인사이드 브레이크		
		3	허벅지 트래핑		
		4	가슴 트래핑, 헤딩 트래핑		
10	페인팅	1/2	가는 척-공 놓고	가는 척-드리블하면서	가는 척-수비 놓고
		3/4	차는 척-공 놓고	차는 척-드리블하면서	차는 척-수비 놓고

구분	중점	주차	6-7세	8-10세	11-13세
11	응용 기술	1	헤딩 해보기	헤딩 슛	헤딩 리프팅
		2	승부차기 해보기	승부차기-인사이드	승부차기-인스텝 킥
		3	골키퍼 차기	골키퍼 막기	코너 킥
		4	경기규칙	센터 링	심판해 보기
12	전술		공격/수비/1:1 게임/2:2 게임/포지션 연습		
1	실내 수업		체력 평가/규칙지키기 자기 평가/운동기능 평가/줄넘기 평가/키즈요가 평가/협동요가 평가/협동게임 평가/피구, 핸드볼 게임		
2					

연간계획안 7: 스포츠클럽

월별	연간행사
3월	* 축구드리블대회/축구리프팅대회/멀리차기대회 * 농구자유투대회/농구골밑슛대회/달리기대회 개최 * 축구팀/농구팀 유니폼제작 * 소개지 발송 * "칭찬의 날" 행사 *사진촬영 카페에 올리기
4월	* 일일체험교실-서바이벌, 승마 * 축구대회/농구대회 개최
5월	* 축구캠프 or 스포츠캠프
6월	* 방학특강 접수(수영/줄넘기/농구)
7월	* 방학부터-체육관 수업으로 변경-협의 * 이론수업
8월	* 체육관 실내수업 * 체력검사, 운동기능 검사, 줄넘기 검사, 규칙 지키기 자기평가 * 수영대회 *줄넘기대회/훌라후프대회/체력왕선발대회 * 일일체험교실-수상스키
9월	* 축구팀/농구팀 유니폼 제작 * 사진촬영 카페에 올리기 * 일일체험교실-서바이벌, 승마, 경기관람

월별	연간행사
10월	* 축구드리블대회/리프팅대회/멀리차기대회 * 농구자유투대회/골밑슛대회/달리기대회 * 방학특강(스케이트, 스키, 스키캠프) 안내문 발송
11월	* 겨울유니폼 신청 안내문 발송 * 실내수업계획안 안내문 발송 * 장갑, 모자 준비물 챙기기
12월	* 방학특강 시작 * 유아반-산타방문 행사(24일) * 무료강습회 개최(인라인+스키) * 이론수업-축구, 농구 * 체력 평가 및 체력왕 선발대회
1월	* 체육관 실내수업 *규칙지키기 자기평가 * 줄넘기급수 평가/대회(2째주)/훌라후프대회 * 스키개인강습 * 스키캠프
2월	* 내년도 수업계획안 작성 * 교사 워크숍 * 야외수업 시작

연간계획안 8: 교수학습계획안

(축 구 부)

결재	담당자	학교장
		전결

○○초등학교　　　　방과후학교　지도강사(　　　)

월	주	월일	학습주제	지도내용	준비물	시수	비고
9	1	9/4	볼과 친해지기	볼 적응훈련(트래핑 및 스톱핑)	공, 콘		
	2	9/11	친구와 함께하기	패스의 숙달(2인·3인 기초패스)	공, 콘		
	3	9/18	개인기술 익히기 I	킥(Kick) 익히기(인스텝, 인사이드)	공, 콘		
	4	9/25	개인기술 익히기 II	드리블과 페인팅	공, 콘		
10	1	10/2	추 석 연 휴				
	2	10/9	슈팅훈련	드리블·장애물 통과 후 슈팅	공, 콘		
	3	10/16	머리로 공 다루기	헤딩의 기본기술(볼감각, 패스훈련)	공, 콘		
	4	10/23	친구와 슈팅 완성하기	2인·3인 패스 후 슈팅하기	공, 콘		
	5	10/30	기초기술 활용하기	지그재그, 삼각패스의 이동훈련	공, 콘		
11	1	11/6	기초기술 활용하기	센터링과 슈팅 연결하기	공, 콘		
	2	11/13	전술훈련 I	게임 중 패스연결 훈련	공, 콘		
	3	11/20	전술훈련 II	게임 중 공간이동 훈련	공, 콘		
	4	11/27	전술훈련 III	게임 중 패스와 슈팅 연결 훈련	공, 콘		

방과후학교 교육활동 교수·학습 과정안

(축 구 부)   초등학교

결재	담당자	학교장
		전결

지도강사(   )

일시(차시)	(20)년 ( )월 ( )일		강사		학년	3–6학년
학습 주제	볼과 친해지기					
학습 목표	볼 적응훈련을 통해 볼과 친해질 수 있다					
학습 흐름	교수·학습활동			시간(분)	자료 및 유의점	
도입	– 선생님과 인사 – 준비운동 및 스트레칭			20분	– 질서교육 – 안전교육 – 준비물(콘, 조끼)	
전개	– 볼 릴레이, 볼 박수 – 볼터치, 인사이드드리블 – 간단한 미니게임			40분	– 수준별교육	
정리	– 도구정리 및 정리운동 – 인사 – 차시예고			10분	– 인원체크 – 환자파악	

방과후학교 교육활동 교수·학습 과정안

(축 구 부)   초등학교

지도강사(   )

결재	담당자	학교장
		전결

일시(차시)	(20)년 ( )월 ( )일	강사		학년	3-6학년
학습 주제	친구와 함께하기					
학습 목표	패스플레이를 통한 숙달					
학습 흐름	교수·학습활동		시간(분)		자료 및 유의점
도입	- 선생님과 인사 - 준비운동 및 스트레칭		20분		- 질서교육 - 안전교육 - 준비물(콘, 조끼)
전개	- 인사이드 패스 - 2:1패스 - 3:1패스 - 미니게임		40분		- 수준별교육
정리	- 도구정리 및 정리운동 - 인사 - 차시예고		10분		- 인원체크 - 환자파악

방과후학교 교육활동 교수·학습 과정안

(축 구 부)　　　　　　　　　　　　　　　　　　초등학교

지도강사(　　)

결재	담당자	학교장
		전결

일시(차시)	(20　)년(　)월(　)일	강사		학년	3-6학년
학습 주제	개인기술 익히기1				
학습 목표	개인기술을 중점으로 기술연마를 한다				

학습 흐름	교수·학습활동	시간(분)	자료 및 유의점
도입	- 선생님과 인사 - 준비운동 및 스트레칭	20분	- 질서교육 - 안전교육 - 준비물(콘, 조끼)
전개	- 인사이드킥, 인스텝킥, 인프런트킥 - 롱킥 - 미니게임	40분	- 수준별교육
정리	- 도구정리 및 정리운동 - 인사 - 차시예고	10분	- 인원체크 - 환자파악

방과후학교 교육활동 교수 · 학습 과정안

(축 구 부)　　　　　　　　　　　　　　　　　　　초등학교

지도강사(　　)

결재	담당자	학교장
		전결

일시(차시)	(20　)년 (　)월 (　)일	강사		학년	3-6학년
학습 주제	개인기술 익히기2					
학습 목표	개인기술을 중점으로 기술연마를 한다					

학습 흐름	교수 · 학습활동	시간(분)	자료 및 유의점
도입	- 선생님과 인사 - 준비운동 및 스트레칭	20분	- 질서교육 - 안전교육 - 준비물(콘, 조끼)
전개	- 드리블 - 페인팅 - 미니게임	40분	- 수준별교육
정리	- 도구정리 및 정리운동 - 인사 - 차시예고	10분	- 인원체크 - 환자파악

방과후학교 교육활동 교수·학습 과정안

(축 구 부)   초등학교

지도강사(   )

결재	담당자	학교장
		전결

일시(차시)	(20)년 ( )월 ( )일	강사		학년	3-6학년
학습 주제	슈팅 훈련					
학습 목표	슈팅 훈련을 통해 볼의 감각을 익힌다					

학습 흐름	교수·학습활동	시간(분)	자료 및 유의점
도입	- 선생님과 인사 - 준비운동 및 스트레칭	20분	- 질서교육 - 안전교육 - 준비물(콘, 조끼)
전개	- 기본 발등맞추기 - 콘을 이용한 슈팅 - 패스 슈팅 - 미니게임	40분	- 수준별교육
정리	- 도구정리 및 정리운동 - 인사 - 차시예고	10분	- 인원체크 - 환자파악

방과후학교 교육활동 교수·학습 과정안

(축 구 부)　　　　　　　　　　　　　　　　　　　초등학교

지도강사(　　)

결재	담당자	학교장
		전결

일시(차시)	(20)년 ( )월 ( )일		강사		학년	3-6학년
학습 주제	머리로 공 다루기					
학습 목표	헤딩의 기본기술(볼감각)을 익힌다					
학습 흐름	교수·학습활동			시간(분)	자료 및 유의점		
도입	- 선생님과 인사 - 준비운동 및 스트레칭			20분	- 질서교육 - 안전교육 - 준비물(콘, 조끼)	
전개	- 헤딩 드리블 - 헤딩 패스 - 미니게임			40분	- 수준별교육	
정리	- 도구정리 및 정리운동 - 인사 - 차시예고			10분	- 인원체크 - 환자파악	

방과후학교 교육활동 교수 · 학습 과정안

(축 구 부)   초등학교

지도강사(   )

결재	담당자	학교장
		전결

일시(차시)	(20)년 ( )월 ( )일	강사		학년	3-6학년
학습 주제	친구와 슈팅 완성하기					
학습 목표	패스플레이를 통한 슈팅감각을 익힌다					
학습 흐름	교수 · 학습활동		시간(분)		자료 및 유의점
도입	- 선생님과 인사 - 준비운동 및 스트레칭		20분		- 질서교육 - 안전교육 - 준비물(콘, 조끼)
전개	- s자 드리블 후 슈팅 - 2:1패스 슈팅 - 3:1패스 슈팅 - 미니게임		40분		- 수준별교육
정리	- 도구정리 및 정리운동 - 인사 - 차시예고		10분		- 인원체크 - 환자파악

방과후학교 교육활동 교수·학습 과정안

(축 구 부)　　　　　　　　　　　　　　　　　초등학교

지도강사(　　)

결재	담당자	학교장
		전결

일시(차시)	(20　)년 (　)월 (　)일		강사		학년	3-6학년
학습 주제	기초기술 활용하기 1					
학습 목표	기초기술을 이용한 조직적인 전술을 익힌다					
학습 흐름	교수·학습활동			시간(분)		자료 및 유의점
도입	- 선생님과 인사 - 준비운동 및 스트레칭			20분		- 질서교육 - 안전교육 - 준비물(콘, 조끼)
전개	- 삼각패스 - 4:1패스 - 공간을 이용한 패스 - 미니게임			40분		- 수준별교육
정리	- 도구정리 및 정리운동 - 인사 - 차시예고			10분		- 인원체크 - 환자파악

방과후학교 교육활동 교수 · 학습 과정안

(축구부)   초등학교

지도강사(   )

결재	담당자	학교장
		전결

일시(차시)	(20)년 ( )월 ( )일	강사		학년	3-6학년
학습 주제	기초기술 활용하기 2					
학습 목표	기초기술을 이용한 조직적인 전술을 익힌다					
학습 흐름	교수 · 학습활동		시간(분)		자료 및 유의점
도입	- 선생님과 인사 - 준비운동 및 스트레칭		20분		- 질서교육 - 안전교육 - 준비물(콘, 조끼)
전개	- 센터링 - 센터링과 슈팅연결 - 센터링과 헤딩 - 미니게임		40분		- 수준별교육
정리	- 도구정리 및 정리운동 - 인사 - 차시예고		10분		- 인원체크 - 환자파악

방과후학교 교육활동 교수·학습 과정안

(축 구 부)   초등학교

지도강사(   )

결재	담당자	학교장
		전결

일시(차시)	(20)년 ( )월 ( )일	강사		학년	3-6학년

학습 주제	전술 훈련 1
학습 목표	전술훈련을 통해 공간이용능력을 키운다

학습 흐름	교수·학습활동	시간(분)	자료 및 유의점
도입	- 선생님과 인사 - 준비운동 및 스트레칭	20분	- 질서교육 - 안전교육 - 준비물(콘, 조끼)
전개	- 패스연결훈련 - 공간을 이용한 패스훈련 - 미니게임	40분	- 수준별교육
정리	- 도구정리 및 정리운동 - 인사 - 차시예고	10분	- 인원체크 - 환자파악

방과후학교 교육활동 교수 · 학습 과정안

(축 구 부)   초등학교

지도강사(   )

결재	담당자	학교장
		전결

일시(차시)	(20)년 ( )월 ( )일	강사		학년	3-6학년
학습 주제	전술 훈련 2					
학습 목표	전술훈련을 통해 공간이용능력을 키운다					
학습 흐름	교수 · 학습활동		시간(분)		자료 및 유의점
도입	- 선생님과 인사 - 준비운동 및 스트레칭		20분		- 질서교육 - 안전교육 - 준비물(콘, 조끼)
전개	- 게임을 통한 패스 및 공간이동훈련 - 미니게임		40분		- 수준별교육
정리	- 도구정리 및 정리운동 - 인사 - 차시예고		10분		- 인원체크 - 환자파악

방과후학교 교육활동 교수·학습 과정안

(축 구 부)   초등학교

지도강사(   )

결재	담당자	학교장
		전결

일시(차시)	(20)년 ( )월 ( )일	강사		학년	3-6학년
학습 주제	전술 훈련3				
학습 목표	전술훈련을 통해 공간이용능력을 키운다				

학습 흐름	교수·학습활동	시간(분)	자료 및 유의점
도입	- 선생님과 인사 - 준비운동 및 스트레칭	20분	- 질서교육 - 안전교육 - 준비물(콘, 조끼)
전개	- 포지션 정리 - 포지션 이동훈련 - 게임	40분	- 수준별교육
정리	- 도구정리 및 정리운동 - 인사 - 차시예고	10분	- 인원체크 - 환자파악

공개수업계획안

부서명	축구부	일시	월 일 ( )	장소	운동장
제재	볼의 감각과 정확한 자세 익히기			강사	
학습목표	발의 감각과 정확한 자세를 익히며, 소그룹 활동을 통하여 협동심을 익힐 수 있다.				
학습자료	축구공, 마크, 조끼				

단계	중심활동	활동내용	시간	유의점
도입	준비운동 순발력 훈련	- 준비운동과 충분한 스트레칭을 통하여 아이들의 부상을 방지 할 수 있도록 한다. - 이어달리기와 점프훈련을 통해 민첩성과 순발력을 기를 수 있도록 한다.	25분	볼, 마크, 조끼
전개	드리블 훈련 (지그재그) 무브 드리블 슈팅	- 정확한 자세와 발의 위치를 고정하여 지그재그 드리블을 할 수 있도록 한다. - 연속적인 볼 터치를 통해 볼의 감각을 익힌다. - 디딤발은 구부리고 양팔은 벌려 균형 유지하기 - 발등의 정 가운데로 볼 임팩트 하기 - 슈팅 동작 후 몸의 중심을 앞쪽으로 하기	40분 10분	볼, 마크, 조끼
마무리	게임 정리운동	- 휴식시간(물 마시기) - 미니게임을 통하여 자신의 기량을 최대한 발휘 할 수 있도록 하며 동료들과의 협동심을 기를 수 있도록 한다. - 근육이완을 위해 스트레칭을 한다.	45분	볼, 마크, 조끼

유소년축구대회 계획안

1. 대회 안내문

구분	세 부 안 내
개 요	- 일시 : 20 년 월 일 (요일) 10시-18시까지 - 부문 : [U-저학년부(1.2.3), U-고학년부(4.5.6)] - 장소 : - 주최 : - 협찬 :
참가안내	1. 참가팀 : (입금자순 선착순 마감) 각 부 24개 팀 접수 2. 참가자격 : 사진이 있는 생활기록부 대회당일 필수 제출 ※ 선착순 접수마감 : 월 일 [마감 이후에는 환불 및 선수변경이 불가능합니다.]
참가비	- 팀당 000,000원(예선=메달, 결선=트로피) 1개씩 단상 시상합니다. - 참가비 입금계좌 : - 참가비 입금하시고 문자주세요(팀이름, 입금자이름)
경기방법	- 경기인원 = 7 : 7 (인원 12명 제한) - 예선대회 리그(2게임: 전, 후반 각각 7분)+결선(16강)대회 토너먼트(전, 후반 구분 없이 10분) - 예선대회(개인메달 전원시상) - 결선대회(개인트로피 전원시상) - 사용구 : 축구공4호(공인구)
신청 방법 & 접수 방법	- 대회 온라인 카페 대표자 가입 및 참가 신청서 다운로드 - 참가신청서 작성(인원수 12명 제한) - 참가비 입금하시고 문자주세요(팀이름, 입금자이름) 000-000-0000 - 동일 팀 참가팀 수 제한 없음. - 이메일 접수만 가능 / 00000000@hanmail.net ※ 참가신청서 작성 시 보험가입을 위한 주민등록번호 13자리를 정확히 모두 기재바랍니다 ※ 당일 선수검인(손목에 도장)실시, 대회당일 사진이 있는 생활기록부 제출. ※ 홈페이지, 카페 주소 :
주차안내	
대진표 일정	- 카페에 공지합니다.(대회 2일 전)

[문의] 000-0000

시상

구분	순위	시상내용	비고
예선 및 8강	예선	개인별 전원메달	
	16강	개인별 전원메달	
	8강	개인별 전원메달	
결선대회 (개인 시상)	결선 우승	개인트로피, 개인상장, 장학금15만원	부별1팀
	결선 준우승	개인트로피, 개인상장, 장학금10만원	부별1팀
	공동3위	개인트로피, 개인상장, 장학금5만원	부별1팀
개인시상	지도자상 – 상장 최우수상, 우수상, 스타상 – 상장		부별1명

☞ 개인상장은 [결선대회 우승, 준우승, 3위팀]은 대회종료 후 감독님에게 우편으로 보내 드립니다.(상장 케이스는 별도입니다)

1. [경기방식]

- 예선은 조별3팀 리그대회(팀당 2게임씩)를 실시 후 각조 1, 2위가 16강에 진출합니다. (예선 순위별로 메달시상/결선 진출 팀은 중복시상 안함)
- 경기운영은 예선 조별리그 후, 결선(16강~결승)까지 토너먼트로 진행된다.
- 경기시간은 예선대회[전, 후반 각7분] / 결선(16강)대회[전, 후반 구분 없이 10분](당일 날씨에 따라 변경)
- 예선리그 승점산정은 승(3점), 기권승(3점), 무(1점), 패(0점)부여.
- 순위결정시 승점이 같을 경우 골득실, 다득점, 승자승, 참가인원수, 추첨 순으로 결정한다.
- 결선에서 무승부 시 연장전 없이 3명씩 승부차기로 승패를 가린다.

2. [선수교체]
- 참가신청서 엔트리 내에서 경기 중 자유롭게 교체 가능하되 경기 중인 선수가 완벽하게 아웃한 이후 교체 진행한다. 단, 골키퍼는 경기중단 시 교체 가능하다.(한 번 교체되었던 선수도 다시 교체 가능)

3. [경기규정]
- 풋살 정식 규정에 기반을 두나 조금 변형된 미니축구 형태의 규정을 적용한다.
- 사이드아웃은 스로인을 실시합니다.
- 참가신청 접수 일을 기준으로 대한축구협회의 1종선수로 등록되지 않은 자 (단, 클럽으로 등록 팀은 제외)

4. 대회유의사항
※ 주최 측은 경기 중 상해 및 기타 사고에 대비하여 참가선수 전원 소정의 스포츠공제보험 가입을 지원하며, 보상한도 초과 시는 해당 선수의 보호자가 부담한다.
※ 대회참가 당일 모든 선수는 선수검인을 받아야 경기 참여 가능함.(선수전원 생활기록부 제출)
※ 경기 중 정강이 보호대 미착용 경기불가, 안경 착용자 경기불가(스포츠 고글가능)
※ 팀원변경, 경기대진 및 결과 조작, 부장선수 출전 등의 경우에는 몰수패 적용하며, 팀원변경기간이 지난 뒤에는 선수 변경 불가함.
※ 경기 중 심판판정에 대하여 팀 대표 1인만이 절차(서면으로: 구두 인정 안 함)를 거쳐 항의할 수 있으며, 경기 지연 및 심한 욕설 등의 항의 시 대회운영에 물의를 끼친 상황으로 판단하여 심판 재량으로 몰수패를 적용할 수 있다.
※ 패자는 소생할 수 없다.
※ 오심도 경기의 일부로 한다.(단, 대회종료 후 심판징계위원회 개최 때 오심의 책임을 물을 수 있다)

경기표는 파일을 다운 받아 선수 명단을 작성하여 대회 당일 가지고 오셔야 합니다.

2. 예산안

구 분		합계	내용	세부내용	금액	산출방법
합 계						
인건비	소계					
			대회진행	경기진행		
				접수 및 기록		
				대회준비		
				대회시설		
자재비	소계					
			시상비	트로피		
				감사패		
				메달		
				부상		
				상장		
자재비			홍보비용	팸플릿		
				에이보드수막		
				단상현수막		
				아치현수막		
				타이틀현수막		
			시설비용	천막 대여		
				의자 대여		
				탁자 대여		
				파라솔 대여		
				물통 대여		
				골대 대여		
				A보드 대여		
				점수판 대여		
				음향장비 대여		
				기타재료구입		
운영비	소계					
			의료비	구급약		
				보험료		
			식대	급량비		
			기타	차류		
				문구비용		
				잡비		
			음료비	음료수		
			교통비	유류비		

3. 경기규칙

⊙ 운영
1. 경기에 대한 이의 제기는 주장만이 가능하다.
(구장 안에는 지도자 1명, 후보 선수 제외하고는 일체의 선수나 임원이 출입할 수 없다)

⊙ 누적파울
1. 누적파울은 경기시간이 짧은 관계로 적용하지 않는다.(단, 심한 반칙이나 파울의 경우에 즉각적인 경고와 퇴장을 취한다)

⊙ 골키퍼
1. 골킥 시 골은 노바운드로 하프라인을 넘을 수 있다.
2. 인플레이 중 골키퍼는 차거나 던질 수 있다. 찬 볼은 득점도 가능하다.
3. 골키퍼에게 패스 가능하며, 골키퍼가 손으로 잡은 경우 간접프리킥을 준다.

⊙ 선수교체
1. 선수교체는 교체구역에서 심판의 허락 없이도 가능하며 교체 횟수는 무제한(경기 중에 골키퍼 변경은 심판의 허락)
2. 교체 투입될 선수가 구장 안으로 들어가기 전에 교체된 선수는 구장 밖으로 나와야 하며 위반 시 간접 프리킥(경고).

⊙ 스로인(U-2학년부 이하는 심판재량으로 지도 후 원활한 진행)
- 스로인시에 반칙을 할 경우 공격권이 상대방에게 넘어간다.

⊙ 코너킥
- 직접적인 코너킥은 골로 인정.

⊙ **페널티킥**

1. 페널티킥 시 주심의 승낙 하에 어느 선수든 골키퍼를 대신할 수 있다.
2. 무승무 때 PK는 엔트리 중 3명의 선수 누구든지 할 수 있다.(단, 퇴장선수는 PK를 할 수 없다)
   (승부가 안 날 시 나머지 선수가 교대로 찬다. 그래도 승부가 안 나면 처음 순서대로 다시 찬다.)

⊙ **4초룰**

- 모든 프리킥, 코너킥, 스로인 인은 4초 이내에 행해야 한다.(상대방이 5m 이상 떨어져 있을 때부터 계측한다.)

⊙ **오프사이드, 작전타임**

- 오프사이드와 작전타임은 없다.

⊙ **킥오프**

1. 상대편 팀 선수들은 볼에서 적어도 3m 이상 떨어져 있어야 한다.
2. 킥오프로 직접적인 득점은 인정.

⊙ **직접프리킥**

- 반칙을 고의적으로 행한 경우 반칙한 장소에서 직접프리킥(페널티에어리어 안 : 페널티킥) -어깨싸움, 슬라이딩태클 금지

⊙ **간접프리킥**

- 다음의 반칙은 반칙한 지점에서 간접프리킥
1. 자기 진영에서 골키퍼에게 패스된 공을 손으로 잡았을 경우
2. 선수교체 요령 위반 시(반칙지점)

3. 모든 킥을 4초 내 행하지 않을 경우(반칙지점)

4. 골키퍼가 볼을 4초 이상 손이나 발로 만지거나 조정할 때(하프라인)

⊙ 경고

- 경고와 함께 반칙이 일어난 지점에서 간접프리킥이 주어진다.

1. 선수교체 위반
2. 지속적으로 경기의 규칙을 어길 때(과격한 어깨싸움 / 과격한 태클)
3. 심판의 판정에 반대하는 행동이나 항의할 때
4. 비신사적인 행위를 할 때

⊙ 퇴장

- 심판의 판정에 따라 퇴장, 반칙이 일어난 지점(페널티에어리어 안에서 반칙 시 : 6m 라인)에서 간접 프리킥

1. 심한 파울을 할 때
2. 난폭한 행위를 하였을 때
3. 파울을 이용하거나 모욕적인 언어를 사용할 때
4. 경고를 2번 받았을 때

⊙ 몰수게임

1. 선수 자격에 결격 사유가 발생하면 사후라도 소속팀을 몰수패로 처리
2. 한 경기에서 5점 이상 차이가 나면 제3팀의 피해를 막기 위해 몰수패 처리(점수는 5점 차 인정)

⊙ 와일드카드

- 승점, 골득실, 다득점 순으로 하며 모두 같을 시 승자승, 참가인원 수, 추첨순으로 정한다.

4. 대회규정

제1조 〈대회구성〉

본 대회는 예선리그(조별 3~4개 팀)와 결선토너먼트(8강~결승)로 구성된다.

제2조 〈선수〉

가. 대회참가신청 접수 일을 기준으로 대한축구협회의 1종선수로 등록되어 있지 않아야 한다.(클럽으로 등록된 선수와 2종은 제외)

나. U-2학년부/U-4학년부/U-6학년부 –경기 당일에 모든 선수는 사진이 있는 생활기록부를 필히 제출하여야 한다.

제3조 〈규정의 적용〉

본 대회는 대회운영본부에서 제정한 '경기규칙'을 적용하며, 본 규정에 명문화되어 있지 않은 사항이나 위 규정으로도 해석할 수 없는 사항에 대해서는 본 협회에서 결정한다.

제4조 〈경기방식〉

가. 경기시간 : 예선[전, 후반 각 7분씩] – 8강, 4강, 결승[전, 후반 관계없이 10분]으로 한다.(대회당일 기상변화에 따라 변동 가능)

나. 예선에서는 무승부 시 승점 1점이 주어지고 결선에서는 승부차기로 승패를 가린다.

다. 경기인원 : 7명으로 진행(팀원 중 1명은 골키퍼)하고 인원이 적을 때에는 그 팀에서 경기여부를 결정할 수 있다.

라. 예선리그에서의 승점은 승(3점), 무(1점), 패(0점)을 부여한다.(기권승 포함)

마. 예선리그 순위는 승점이 높은 순으로 정하되, 승점이 동일시에는 골득실, 다득점, 승자승, 참가인원 수, 추첨순으로 한다.

바. 예선리그의 조편성 및 경기일정표는 주최 측이 편성하여 대회 2일 전 대회홈페이지에 공지한다.

제5조 〈선수준수사항〉

가. 선수는 경기에 임할 시 반드시 정강이보호대를 착용해야 한다.

나. 선수 및 임원이 심한 파울이나 욕설, 협박, 폭력 등 비신사적인 행위를 했을 경우, 심판은 퇴장을 명할 수 있다.
(구장 안에는 후보 선수와 지도자 1명을 제외하고는 어느 선수나 임원도 입장할 수 없다. – 퇴장선수는 다음 1경기 출장이 불가능하다.)

다. 신발은 쇠징 등이 부착된 일체의 신발(럭비화, 스파이크 등)은 불허한다.(풋살화, 축구화, 운동화류 허용됨)

라. 안경은 절대 착용할 수 없다(스포츠고글은 허용한다.)

제6조 〈경기몰수, 기권〉

경기 당일에 불참 및 지각(예선 : 개회식 1시간 전 – 결선은 경기 1시간 전까지 운영본부에서 선수확인), 심판판정 또는 기타 사유로 집단으로 경기장을 이탈하여 경기 진행이 불가할 경우 해당 팀은 당 경기를 몰수패 당하고 상대 팀에게는 기권승으로 인정한다. 점수는 승점 3점에 2:0 스코어를 인정한다.

단, 경기 도중에 발생할 경우 당시 경기 스코어를 그대로 인정하되 2점 차 이상으로 인정한다.(승자의 점수를 조정)

제7조 〈부정행위〉

가. 경기와 관련 경기조작, 부정선수 출전, 비신사적 행위 등의 부정행위에 대하여, 대회 운영본부는 경기위원회의 협의를 통해 해당 팀을 실격처리할 수 있으며 이러한 경우 상대팀이 승자가 된다.(경기 조작 등의 사유가 보이지 않더라도 5점차 이상이 되면 몰수패 처리한다. 5점차 점수까지 인정)

나. 경기 중 폭력 등 대회 운영상 중대한 문제를 야기시킨 팀에 대해서는 일정기간(운영본부결정)동안 대회운영본부의 직권으로 해당 팀을 퇴장시킬 수 있으며 관련 협회에서 주관하는 모든 대회에 징계사항을 공유하여 출전할 수 없도록 협조한다.
(위법행위 시 법에 따른 조치도 불가피하다)

제8조 〈누적파울〉

누적파울은 적용되지 않는다.(단, 심한 파울과 반칙의 경우 즉각적이 경고와 퇴장으로 이어진다.)

제9조 〈신분확인〉

경기당일에 생활기록부를 제출하여야 하며, 미제출 시 부정선수로 간주한다. 특히 부정선수가 추후(대회 후) 확인되면 모든 제재조치(입상취소/인터넷에 공지/타 대회 출전 금지 협조)를 가할 예정이니 주의 요망.

제10조 〈유니폼〉

참가팀은 자신들의 팀 유니폼(통일된 유니폼일시)을 착용할 수 있으나 동일한 색상 등을 고려하여 주최 측이 준비한 보조조끼를 입을 수 있다.(경기표와 참가신청서의 번호와 같은 유니폼과 팀 조끼를 착용하여야 한다)

제11조 〈퇴장선수〉

경기 중 퇴장선수는 다음 1경기 출전이 금지된다. 1경기당 2회의 경고는 퇴장으로 간주한다.(경고는 다음경기로 누적되지 않는다)

제12조 〈상해보험〉

경기 중 부상자는 대회운영본부가 가입한 스포츠공제보험의 상해보험수가에 한해서만 보험처리가 가능하다.

○○○ 협회

5. 경기표

예 선 성 적 산 출

승점		득실		다득점		승자승		참가인원 / 인원	

배번	선 수	예선1경기		예선2경기		8강전		4강전		결승전	
		경고	퇴장	경고	퇴장	경고	퇴장	경고	퇴장	경고	퇴장
1											
2											
3											
4											
5											
6											
7											
8											
9											
10											
11											
12											
13											
14											
15											
확인	기록심										

결 과	팀 명		팀 명		팀 명		팀 명		팀 명	
	자팀	타팀	자팀	타팀	자팀	타팀	자팀	타팀	자팀	타팀
	점수	점수	점수	점수	점수	점수	점수	점수	점수	점수

(팀 명 :   )

6. 참가신청서

- 부 문 : (U-9세, U-11세, U-13세)
- 팀 명 :
- 감독연락처: ■ 감독성명: ■ 감독주소:

연번	성 명	주민등록번호	연락처	주 소	학교	학년
1						
2						
3						
4						
5						
6						
7						
8						
9						
10						
11						
12						
13						
14						
15						

대회 출전을 신청하며 아래 사항을 준수하겠습니다.

- 선수 및 주최 측에게 폭언, 폭력 행위를 절대로 하지 않겠습니다.
- 부정행위를 하지 않고 정정당당하게 경기에 임하겠습니다.
- 주최 측에 제출한 참가신청서의 내용에 거짓을 기재하지 않겠습니다.
- 경기와 관련한 이견이 있을 시 정당한 절차를 통해 심판 및 운영본부에 이의를 제기하겠습니다.
- 대회와 관련한 모든 사항(대회규정, 운영규정, 경기규칙)은 운영본부의 결정에 따르겠습니다.
- 부상 등에 대해서는 대회운영본부가 준비한 보험의 한계(보험처리 시 자가부담금 50,000원)에서만 책임을 묻고 일체의 이의도 제기하지 않겠습니다.

상기 내용을 준수하지 않을 시, 심판과 운영본부의 어떠한 지시와 결정에도 따를 것을 동의합니다.

20 년 월 일

대 표(   ) 외 선 수 일 동

7. 대진표

U-6 학년부 각조 1위 8개팀 8강진출

	A조		B조		C조		D조
1	흥룡FC	4	하늘유소년축구교실	7	중리초FC	10	리틀짐 B
2	런앤점프-고	5	이지스포츠	8	윈클엔리틀-고	11	구미미르JRFC-고
3	신화유소년축구-4조	6	경희아이스포츠-C	9	신화유소년축구-5조	12	키즈사커-고

	E조		F조		G조		H조
13	김진국축구교실-A	16	신화유소년축구-6조	19	리틀짐 A	22	김진국축구교실-B
14	부천베스트FC	17	굿프렌즈FC-고	20	경희아이스포츠-D	23	경남화랑FC
15	FC비전	18	풋살코리아	21	대덕풋살	24	신화유소년축구-3조

U-3 학년부 각조 1위 7개 팀과 와일드카드 1위가 8강 진출

	A조		B조		C조		D조
1	대전JS사커클럽	4	런앤점프-저	7	어깨동무교실	10	하은철축구교실 A
2	하은철축구교실 B	5	윈클엔리틀 1	8	신화유소년축구-2조	11	키즈사커-저
3	경희아이스포츠-A	6	코난FC	9	리틀풋살	12	인천문학유소년축구

	E조		F조		G조		H조
13	윈클엔리틀 2	16	굿프렌즈FC-저	19	김진국축구교실-저	22	
14	구미미르JRFC-저	17	신화유소년축구-1조	20	서산유소년클럽	23	
15	풋살아카데미	18	서울스포츠FC	21	경희아이스포츠-B	24	

축구평가 계획안

노력 이상 합격

구분		기능		자세			기록	순위
				시범단	잘함	노력		
적응	기초	발바닥 공 뽀뽀하기						
		발바닥 뽀뽀하면서 돌기						
		공을 발바닥으로 운전하기						
		꽃게 공 몰고 가기						
	초급	굴리고 발바닥 브레이크						
		굴리고 인사이드 브레이크						
		굴리고 아웃사이드 브레이크						
	중급	발바닥 당겨 인사이드 브레이크						
		발바닥 당겨 인사이드 방향전환						
		발바닥 당겨 발등 브레이크						
		발바닥 당겨 뒤로 인사이드						
	상급	포크레인 공 올리기						
		찍고 넘어가면서 방향전환						
		헛다리 후 아웃사이드 방향전환						
		팽이 방향전환						
	선수	던지고 발바닥 브레이크						
		던지고 인사이드 방향전환						
		던지고 아웃사이드 방향전환						
킥 자세	초급	인사이드 킥						
		아웃사이드 킥						
		토우 킥						
	중급	힐 킥						
		인스텝 킥						
	상급	인프런트 킥						
	선수	아웃프런트 킥						
드리블	초급	꽃게 드리블						
		인사이드 드리블						
		아웃사이드 드리블						
	중급	인스텝 드리블						
	상급	발바닥 드리블(사과깎기)						
	선수	인+아웃 드리블						
패스	초급	인사이드 패스						
		인스텝 패스						
	중급	아웃사이드 패스						
	상급	인프런트 패스						
슛	초급	제자리에서	인사이드 슛					
	중급	드리블하면서	인스텝 슛					
	상급	패스 받아	아웃사이드 슛					
리프팅	초급	튀기고 발등하고 잡기						
	중급	연속 발등 리프팅						
	상급	허벅지 리프팅						
	선수	헤딩 리프팅						
트래핑	초급	가슴 트래핑						
	중급	허벅지 트래핑						
	상급	헤딩 트래핑						
	선수	발등 트래핑						
페인팅	초급	제자리에서	가는 척 페인팅					
	중급	드리블하면서	차는 척 페인팅					

포지션 해설

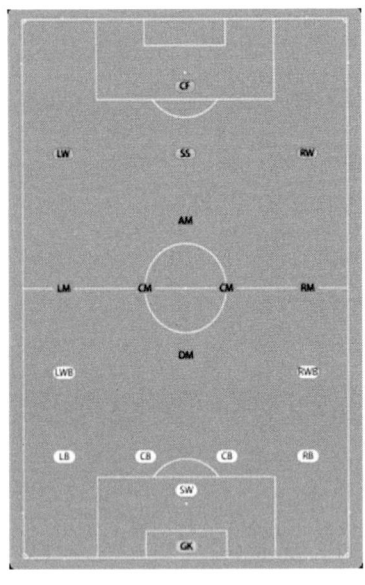

1 골키퍼 (GK)
2 수비수 (DF)
2.1 센터백 (CB)
2.2 스위퍼/리베로 (SW)
2.3 풀백 (FB/LB/RB)
2.4 윙백 (WB/LWB/RWB)
3 미드필더 (MF)
3.1 중앙 미드필더 (CM)
3.2 수비형 미드필더 (DM)
3.3 공격형 미드필더 (AM)
3.4 윙어 (LW/LM/RW/RM)
4 공격수 (FW)
4.1 중앙 공격수 (CF)
4.2 세컨드 스트라이커 (SS)
4.3 윙어 (LW/RW)

모든 포지션. 주(註): 중앙 공격수(CF)는 스트라이커(ST)로 교체할 수 있다. 일반적인 약어 사용.

축구에서 포지션(position)은, 각 팀 11명의 선수가 팀의 전술을 수행하기 위해 배치받은 경기 위치를 말한다. 각 팀은 한 명의 골키퍼와 10명의 아웃필드 선수로 구성되는데, 이 선수들은 포메이션에 따라 수비수, 미드필더, 공격수로 나뉜다. 포지션으로 각 선수들이 배정받은 위치와 역할을 알 수 있다. 경기의 수준이 높아짐에 따라, 수많은 전술과 포메이션이 개발되었고, 그에 사용되는 포지션의 이름과 역할 또한 늘어나게 되었다.

매우 유동적인 현대 축구에서 포지션은 럭비나 미식축구처럼 절대적인 것이 아니다. 하지만 포지션에 따라 필요한 능력이 다르기 때문에, 축구선수들은 경력의 대부분을 특정 포지션을 전담하며 보내는 경우가 많다. 이러한 가운데 여러 포지션을 능숙하게 소화할 수 있는 선수를 "멀티 플레이어", 또는 "유틸리티 플레이어"라고 한다.

그러나, 토털사커 전술에서 포지션은 큰 의미를 가지지 않는다. 이 전술은 공격과 수비의 제한을 크게 두지 않으므로, 골키퍼를 제외한 모든 포지션을 수행할 수 있었던 요한 크루이프와 같은 다재다능한 선수를 필요로 하기 때문이다.

또한 축구의 포지션에 따라 유니폼의 등번호가 달라지는데 주전 선수가 후보 선수보다 앞 번호를 받으며 수비 쪽의 비중이 높은 포지션일수록 앞번호를 등번호로 받는 게 일반적이다.

골키퍼 (GK)

골키퍼가 공을 막기 위해 몸을 날리고 있다.

골키퍼(Goalkeeper)는 축구에서 가장 특징적인 포지션이다. 골키퍼는 주로 상대편의 득점을 직접적으로 막는 수비적 플레이를 하게 된다. 골키퍼는 선수들 중 유일하게 손으로 공을 건드릴 수 있으며, 이 권한은 페널티 에어리어 안으로 제한된다. 따라서, 골키퍼는 심판 및 다른 아웃필드 선수들과의 구별을 위해 다른 유니폼을 착용한다. 골키퍼가 퇴장당하거나 부상으로 경기를 수행할 수 없을 경우엔, 교체로 쓸 다른 골키퍼를 기용하는데, 골키퍼 교체 선수가 없거나 더 이상 선수교체를 할 수 없을 경우 아웃필드 선수가 골키퍼 자리를 메워야 한다.

골키퍼의 기본적인 역할이 이렇게 제한되어 있었기 때문에, 사실상 프로축구에서 골키퍼가 다른 포지션을 맡을 수 있었던 경우는 전무했다. 멕시코의 호르헤 캄포스의 경우가 유일한 예외로, 그는 필요한 경우 스트라이커로도 무난하게 활약할 수 있었다. 기술이 좋은 골키퍼는 페널티킥 또는 프리킥 상황에서 직접 차기도 하는데, 의외로 킥 직후 상대편에게 볼을 빼앗겨 골키퍼가 포지션을 되찾지 못하는 경우는 거의 없다. 파라과이의 호세 루이스 칠라베르트(현재 은퇴), 브라질의 호제리우 세니 등은 소속팀과 국가대표팀 등에서 페널티킥과 프리킥 등으로 60골 이상을 득점한 프리킥/페널티킥 스페셜리스트 골키퍼로 유명하다.

골키퍼는 상대편의 슛을 직접 막아야 하기 때문에, 육체적 힘, 신장(身長), 점프력, 판단력, 민첩성, 공중볼 처리능력, 방어 위치선정 능력 등이 골키퍼를 평가하는 기준이 된다. 골키퍼에게는 축구의 기본기인 볼 컨트롤, 태클, 패스, 드리블, 헤딩 등을 특히 요하지는 않지만, 1990년대 초에 생긴 백패스 규정에 따라 골키퍼도 어느 정도의 기본기는 필요하게 되었다.

수비수 (DF)

수비수(흰색 유니폼)가 공격수의 공격 전술을 막으려 하고 있다.

수비수(守備手, defender) 또는 백(back)은 미드필더의 뒤에서 플레이하며 골키퍼를 보조하며, 상대 선수가 골을 넣는 것을 막는 역할을 맡는다. 수비수들은 보통 중앙선 뒤에 남아있는데, 이는 상대 선수의 득점을 용이하게 저지하기 위함이다. 그러나 장신 수비수들은 헤딩 등을 위해 때때로 코너킥이나 프리킥 기회에 전방으로 전진하여 플레이하기도 한다. 현대축구에 있어서 수비수의 개념은 일반적으로 공을 점유하지 않은 팀의 선수들을 의미하는 경우가 많다. 따라서, 포지션상의 수비수를 포함한 미드필더, 공격수도 상대 팀 점유의 공을 빼앗는 입장이 되었을 경우에는 수비수로 분류될 수 있다.

센터백 (CB)

센터백 위치

중앙 수비수(中央守備手, central defender), 센터 하프(center-half) 등으로도 불리는 센터백(center back)의 역할은, 상대편(주로 중앙 공격수, 또는 스트라이커)이 득점하는 것을 직접 저지하고 페널티 에어리어 밖으로 차내는 것이다. 포지션의 이름처럼, 중앙의 수비를 맡는다. 대개의 경우는 두 명의 센터백을 기용하여 골키퍼 앞에 세운다. 센터백에게 지시하는 전술로는, 특정 지역을 전담하는 지역방어와 상대편의 특정 선수를 마크하는 대인방어로 나눌 수 있다.

센터백은 대개 힘이 좋고, 장신이며, 헤딩과 태클에 능하다. 경기를 읽는 능력 또한 부가적 장점으로 볼 수 있다. 하급 리그의 센터백들은 일단의 안정성을 위하여 볼 컨트롤과 패스보다는 볼을 걷어내는 것에 주력하는 경우가 많다. 그러나, 전통적으로 센터백으로는 기본기 이상의 실력자들을 기용하는데, 이는 점유상의 우위를 점하는 스타일을 가능케 한다.

이 포지션은 주로 "센터하프"로 불렸다. 많은 팀이 2-3-5 포메이션을 사용하던 20세기 초반부에는 하프백(halfback)으로 불렸다. 포메이션의 발전에 따라, 중앙에 배치된 세 명의 미드필더들이 좀 더 수비 지향적으로 바뀌면서 이름을 공유하게 되었다.

스위퍼/리베로 (SW)

스위퍼 위치

스위퍼(sweeper)는 말 그대로 상대편의 볼을 쓸어내는(sweep) 역할을 맡으며, 일반 수비수보다 능력 있는 센터백이다. 이 포지션은 상대편의 특정 선수를 마크하는 등의 전형적인 수비수의 역할보다는, 수비수 범위 밖의 유동적인 플레이를 하게 된다. 이 때문에, 이 포지션은 리베로(libero, 이탈리아어로 "자유")라고 부른다. 역습 등의 플레이를 이끌 필요도 있기 때문에, 센터백보다 경기를 읽는 능력이 뛰어나야 한다. 그러나, 대부분의 스위퍼들은 수비 지향적인 선수들이다. 1960년대 이탈리아 축구의 카테나치오에서는 수비만 하는 센터백들을 기용했다.

"리베로"라는 용어는 공격하는 수비수를 의미하는 것이 아니라, 이탈리아어에 있어서 "스위퍼"의 일반 대명사이며, 이 포지션은 다른 (대인방어를 하는) 수비수보다 상대적으로 자유롭다고 하여 붙여진 이름이다.

풀백 (FB/LB/RB)

풀백 위치

풀백(full-back, 側面守備手)는 경기장 측면에서 활동하는 수비수이며, 주로 상대편 선수의 크로스나 돌파를 저지하는 역할을 맡는다. 여러 전술에서 풀백은 상대편의 특정 선수(윙어 등)를 마크하게 된다. 풀백은 또한 공격에 있어서도 윙어에게 공격 루트를 제공하거나 기회를 보아 직접 크로스를 올리는 등 공격적인 플레이를 하는 경우도 많다. "오버랩(overlap)"이라는 용어는 본디 자신의 포지션보다 위로 올라가 플레이하는 것을 이르는데, (주로 수비에 있는) 풀백이 윙어나 미드필더처럼 상대편 진영으로 치고 올라가는 경우에 자주 사용된다.

전통적으로 풀백은 오늘날 센터백의 역할을 맡아왔다. 축구가 발전함에 따라 과거의 센터하프가 현재의 센터백의 역할을 맡게 되었고, 풀백은 측면으로 이동하여 과거와는 다른 플레이를 하게 되었다. 현대축구의 풀백은 일반적으로 빠르고, 태클에 능하며 경기 내내 측면을 오르내릴 수 있는 체력을 가지고 있다. 측면에서 특정 발을 자주 쓰는 풀백들은 프리킥이나 페널티킥에도 능한 경우가 많다. 현대 풀백의 포지션은 엘레니오 에레라 감독과 자친토 파케티에 의해 만들어졌다. 원래 공격수였던 파케티는 좋은 윙어였지만 감독 에레라는 체격적 요건으로 파켄티를 레프트백으로 이동 기용했다. 파케티는 수비능력을 익힘과 동시에 빠른 발을 이용한 공격적 플레이를 구사하여 성공적인 보직변경이 되었고, 풀백이라는 포지션은 점차 각광받기 시작하였다.

윙백 (WB/LWB/RWB)

윙백 위치

윙백(wingback)은 윙어와 풀백의 역할을 겸임하는 포지션이라고도 할 수 있는데, 일반적으로 3-5-2 포메이션에 기용되기 때문에 미드필더로 인식되기도 한다. 윙어와 풀백의 역할을 겸하는 윙백은 측면을 신속히 오르내려야 하기 때문에 체력이 특히 중시된다. 3-5-2 포메이션에서는 3명의 센터백의 지원으로 수비보다는 공격적 플레이를 하게 되는 경우가 많다. (3-5-2 포지션은 경기 중 좌우 윙백의 이동에 따라 5-3-2, 3-5-2로 유동적으로 진형이 바뀌게 된다.)

미드필더 (MF)

미드필더(리버풀 소속의 스티븐 제라드)는 공격수와 수비수 사이를 연결하는 역할이다.

미드필더(midfielder)는 주로 공격수와 수비수 사이에서 뛰는 포지션이다. 미드필더들은 볼의 점유와 탈환, 공격과 수비의 연결 등이다. 대부분의 감독은 주로 한 명 이상의 유능한 중앙 미드필더를 두어 상대편의 공격을 방해함과 동시에 공격을 주도하게 하는 등, 공수에 걸쳐 균등한 임무를 맡긴다. 미드필더들은 여러 위치에서 플레이할 수 있어야 하는데, 이는 경기 중 수비수와 함께 수비를, 공격수와 함께 공격을 해야 하기 때문이다.

중앙 미드필더 (CM)

중앙 미드필더 위치

중앙 미드필더(中央 - , central midfielder)는 팀의 전술에 따라 여러 역할을 수행한다. 공격과 수비를 연결하는 일을 하며, 상대편이 볼을 점유하고 있을 시에는 수비도 해야 한다. 정 중앙의 포지션으로 경기장 전체를 둘러볼 수 있고, 그에 따라 팀의 경기를 주도하는 사령관 역할을 하는 경우도 있다.

중앙 미드필더는 유동적인 플레이를 하며, 패스 능력과 힘을 적절히 갖춘 균형 잡힌 선수가 많다. 이 포지션은 흔히 "엔진 룸", "사령관" 등으로 불린다.

수비형 미드필더 (DM)

수비형 미드필더 위치

수비형 미드필더(守備型 - , defensive midfielder, holding midfielder)는 주로 수비 목적으로 수비수 앞에 배치된 중앙 미드필더를 말한다. 수비형 미드필더들은 상대 공격수나 미드필더로부터 공을 빼앗아 안전하게 아군 공격수에게 전달하는 것이 주 임무이다. 이는 수비를 더욱 탄탄하게 할 뿐만이 아니라 여타 아군 미드필더로 하여금 수비 걱정 없이 더욱더 마음 놓고 공격에 치중할 수 있게 한다.

브라질식 포르투갈어인 볼란테(volante)란 명칭이 유명하며, 이것이 일본매체에 사용되며 보란치(ボランチ)라는 발음으로 전사되어 한국어로는 볼란치로 어느 정도 정착된 상태이다.

공격형 미드필더 (AM)

공격형 미드필더 위치

공격형 미드필더(攻擊型 - , attacking midfielder)는 미드필드 전방의 중앙 미드필더로, 주로 스트라이커 뒤에 위치한다. 공격형 미드필더들은 팀 공격의 주축 역할을 맡는다. 이 포지션의 선수들은 폭넓은 시야와 개인기를 바탕으로 득점 찬스를 만들어내는 것이 주 임무이다. 공격형 미드필더의 역할을 수행하기 위해서는 기술적 능력과 패스 능력이 좋아야 하며, 상대 수비의 움직임을 읽는 능력과 그것을 통해 상대 수비를 흐트러뜨리는 패스를 할 수 있는 능력 또한 중요시된다.

공격형 미드필더는 능숙한 볼터치, 슈팅 거리, 과감한 패스 등을 하는 포지션으로 잘 알려져 있다. 공격형 미드필더가 좋은 활약을 보이는 경우에는 대개 그 선수는 팀의 간판선수일 가능성이 높다. 그에 따라 팀에서는 공격형 미드필더의 역량을 극대화시키기 위해 전술적 자유를 주는 경우도 많다. 4-4-2 다이아몬드 전술에서는 공격형과 수비형 미드필더들이 효과적으로 이전의 전형적인 일자형 중앙 미드필더 두 명을 대체할 수 있다. 공격형미드필더는 플레이메이커라고도 하는데, 최전방 공격수 뒤에서 공격을 지원하는 역할을 한다.

윙어 (LW/LM/RW/RM)

윙어 위치

윙어(winger)라고 부르는 이 포지션은 4-4-2, 4-5-1, 4-2-3-1 포메이션에 배치될 때는 미드필더로 분류 된다.(4-3-3, 3-4-3 포메이션에 배치되는 윙어는 공격수로 분류 된다.) 드리블 등으로 상대편의 풀백을 공략하며 크로스를 올리는 것을 목적으로 배치된다. 이 포지션의 선수는 드리블 면에서 기술적으로 매우 뛰어난 선수가 많으며, 빠른 속도를 지니고 있는 경우가 많다. 양쪽 측면 넓은 곳에서 상대편의 풀백의 수비를 피해 컷-백이나 크로스를 올리는 것이 윙어의 역할이다. 보통 팀에서 가장 움직임이 빠르고 드리블링 기술이 뛰어난 선수들이 윙어를 맡는다.

공격수 (FW)

붉은 유니폼의 공격수가 흰색 유니폼의 수비수를 따돌리고 골대를 향한 슛 자세에 들어가 있다.

공격수(攻擊手), 포워드(forward), 또는 스트라이커(striker)는 상대편 골대에 가장 가까이 위치하는 포지션의 선수를 말한다. 영어에서 어태커(attacker)라는 표현은 스트라이커나 포워드를 지칭하기도 하지만, 현재는 포지션을 막론하고 볼을 가지고 있는 선수를 이르는 표현으로 사용되는 경우가 많다.(한국어에서의 "공격수" 또한 수비하는 자 입장에서는 어떤 포지션의 선수든 막연히 "공격수"라 지칭하기도 한다) 공격수의 가장 기본적인 임무는 득점을 올리는 것이다. 좋은 스트라이커들은 항상 훌륭한 득점능력으로 인정받는다. 또 다른 임무로는 동료 선수들의 득점을 도와주는 것과, 볼이나 수비수를 끌고 다니며 다른 동료 선수들에게 공간을 마련해주는 것이다. 현대축구에서는 한 명 내지 세 명의 스트라이커를 배치하며,

두 명 정도가 일반적이다(4-4-2 포메이션 등). 대개 다른 포지션의 선수보다 득점이 많기 때문에 팀 내에서 가장 유명하고 몸값이 비싼 선수인 경우가 많다.

중앙 공격수 (CF)

중앙 공격수 위치

중앙 공격수(center forward)의 가장 기본적 임무는 "득점을 하는 것"이며 "타겟맨"(target man)이라 부르며, 주로 이 포지션에서 득점력이 뛰어난 선수를 스트라이커(striker)라고 한다. 상대 수비수와 경합을 하거나, 어시스트나 직접 득점을 노리기도 한다. 상대 수비를 끌고 다니며 동료 선수의 득점을 돕거나, 직접 득점을 올린다. 또한 빠른 몸놀림으로, 상대 수비의 빈 공간을 파고들어가는 능력과 드리블 능력이 필요하다. 정확한 슈팅 능력과 헤딩 능력이 뛰어나며, 볼과 수비수를 끌며 동료 선수들에게 공간을 열어주기도 한다. 크로스를 헤딩으로 연결시켜 득점하기도 하고, 몸싸움에도 능하며, 상대 수비수 사이로 뚫고 오는 패스를 받아 득점하기도 한다.

또 다른 유형으로는 제로톱(Zero-top) 전술에 폴스나인(false9 가짜 공격수) 유형의 중앙 공격수가 있으며, 이들은 2선과 최전방을 넘나들며 상대 수비수를 혼란에 빠트리며 기본적으로 최전방 스트라이커 보다 후방, 공격수와 미드필더 사이 공간에 배치된다. 이 부류의 공격수는 최전방에 배치되는 스트라이커는 아니며, 자유로운 움직임으로 2선과 최전방을 아우르는 움직임을 가지는 프리롤 스타일의 공격수이다. 상대 수비를 끌고 다니며 직접 득점 하거나 어시스트로 동료를 돕고, 빈 공간을 파고드는 침투능력과 드리블 능력, 득점력, 패싱력 모두 필요하다.

세컨드 스트라이커 (SS)

세컨드 스트라이커 위치

세컨드 스트라이커(second stiker)는 딥 라잉 포워드(deep-lying forward)라고도 하는데 꽤 오랜 역사를 지니고 있는 포지션이지만, 이 포지션의 명칭은 시기에 따라 많이 바뀌어 왔다. 이 포지션은 본디 인사이드 포워드(inside forward) 또는 딥 라잉 센터 포워드(deep-lying center forward)로 불렸다. 최근에 들어서 "윗드로운 스트라이커(withdrawn stiker, 깊숙한 스트라이커)"나 "세컨드 스트라이커(second striker, 제2의 스트라이커)" 등으로 불리기 시작했으며, 한국어에서는 "섀도 스트라이커(그 외 쉐도우 스트라이커 등)"로 잘 알려져 있는 편이다.

이 포지션은 1940년대 후반과 1950년대 중반 헝가리 대표팀의 푸슈카시 페렌츠에 의해 큰 발전을 이루었다. 이후 이탈리아 축구의 "트레콰티스타(이탈리아어: trequartista)" 전술로 널리 사용되었는데, 이 전술의 특징은 1.5선 위치에서 효과적으로 팀의 공격을 이끄는 데 있었다. 이 포지션에 있던 대다수의 선수들은 공격형 미드필더나 윙어로도 활약이 가능했다.

명칭이야 어떻든 포지션 자체는 "미드필더와 스트라이커를 오가는" 포지션으로 어느 정도 인식이 되고 있는 상태다. 이 포지션의 선수는 뛰어난 기술을 가진 공격적 미드필더이거나, 직접 득점을 올릴 능력도 있고 득점 찬스를 만들어내는 능력 또한 지닌 중앙 공격수이다. 이 포지션의 유명 선수로는 펠레, 지쿠, 로베르토 바조, 에릭 칸토나, 데니스 베르흐캄프 등이 있다.

윙어 (LW/RW)

윙어 위치

윙어(Winger)라고 부르는 이 포지션은 4-3-3, 3-4-3 포메이션에 배치될 때는 공격수로 분류 된다.(4-4-2, 4-5-1, 4-2-3-1 등의 포메이션에 배치되는 윙어는 미드필더로 분류된다.)

드리블 등으로 상대편의 풀백을 공략하며 크로스를 올리는 것을 목적으로 배치된다. 이 포지션의 선수는 드리블 면에서 기술적으로 매우 뛰어난 선수가 많으며, 빠른 속도를 지니고 있는 경우가 많다. 4-3-3, 3-4-3 포메이션에서의 윙어는 전방 공격수 중 좌우 측면에 배치된 공격수를 말한다.

 4-3-3이나 3-4-3 포메이션에서의 윙어는 양쪽 측면 넓은 곳에서 상대편의 풀백의 수비를 피해 컷-백이나 크로스를 올리는 역할과 공격수로서 중앙으로 침투하여 패스나 직접적인 득점도 필요하다. 보통 팀에서 가장 움직임이 빠르고 드리블링 기술이 뛰어난 선수들이 윙어를 맡는다.

출처 : 위키백과, 축구의 포지션

참고문헌

Horst Wein, 꿈나무 축구 이렇게 가르치자, mbc꿈나무축구재단, 2005

가토 하사시, 축구교본, 서림문화사, 2003

과학적 지식구조, 국민생활체육회

박경화, 알기쉬운 축구 지도법, 2005

박경화, 어린이축구교실, A-CHA FOOTBALL, 2005

박정근 외 유소년스포츠지도서[2급], 2010

박정근 외 유소년스포츠지도서[초급], 2009

박현철 기자, 한겨레 신문, 2014

신동성 외 다수, 유소년축구지도서, 체육과학연구원, 2000

신동성 외, 유소년 축구지도서, 체육과학연구원, 2000

싸커코리아 카페, http://cafe.daum.net/soccerkorer

위키백과, 축구의 포지션

윤진환, 진낙식, 유소년스포츠지도방법론, 2011

윤진환, 진낙식, 이야기가 있는 유아체육, 2011

이강옥, 김인배, 윤태호, 프리미어 리그를 향한 도전 유소년축구교실, 대경북스, 2008

이용수 감수, 실전축구, 삼호미디어, 2011

정용환 감수, 마이클 오웬의 축구교실, 삼호미디어, 2000

정용환 감수, 어린이축구, 삼호미디어, 2000

정용환 감수, 축구입문, 국일미디어, 1998

정지혜, 유소년스포츠지도서, 2009

정청희외 체육과 건강, 교학사, 2002

체육과학연구원, 유소년축구지도서, 2000

축구발전연구소, 유소년축구, 내하출판사, 2001

축구칼럼, 한국프로축구연맹, 2006

카파축구100선 블로그, http://blog.naver.com/kappablog

한국유소년축구회, 유소년축구지도 교재, 2001

한용주, 초등체육교수법, 협신사, 2004

허정무 감수, 축구교본, 삼호미디어, 1999